La Vie privée des Hommes

# «Des Celtes aux Chevaliers du Moyen Age...»

*Texte et illustrations de Giovanni Caselli*
*Adaptation française de Patrick Restellini*

HACHETTE

# « Des Celtes aux Chevaliers du Moyen Age... »

| | | |
|---|---|---|
| | 753 | Fondation de Rome |
| Les Celtes en Gaule | 600 | |
| | 390 | Les Gaulois incendient Rome |
| Alésia. Gaule romaine | 52 J.-C. | |
| | 122 | Construction du mur d'Hadrien |
| Fondation de Constantinople | 330 | |
| | 476 | Chute de l'Empire romain |
| Clovis, roi des Francs, se convertit au Chritianisme | 486 | |
| | 529 | Fondation de l'ordre des Bénédictins |
| Naissance de Mahomet | 570 | |
| | 732 | Charles Martel bat les Musulmans à Poitiers |
| Les Vikings en Normandie | 911 | |
| | 1066 | Conquête de l'Angleterre par les Normands |
| Guerre de Cent Ans | 1337-1453 | |
| | 1453 | Chute de Constantinople |

## *Table des matières*

# Les Celtes, techniciens de la terre

Le mot celte, qui vient du grec *Keltoi,* désignait certaines populations originaires d'Europe centrale, contemporaines des Grecs et des Étrusques (Italie). Les Romains les appelaient *Galli,* ou Gaulois, en référence aux peuples celtes qui vivaient dans le Nord de l'Italie (Gaule cisalpine) et au-delà des Alpes (Gaule transalpine).

A leur apogée, du v$^{e}$ au I$^{er}$ siècle avant J.-C., les Celtes occupaient la plus grande partie de l'Europe. Ils avaient atteint la Pologne et l'Espagne, la Grande-Bretagne et l'Irlande, ainsi que l'Asie Mineure (v. carte, p. 6).

△ Certains Celtes habitaient de grandes huttes rondes, au toit couvert de chaume. La charpente s'appuyait sur un épais mur de pierre ou de torchis. Il n'y avait pas de cheminée. Les fumées s'échappaient à travers le chaume.

Métier à tisser

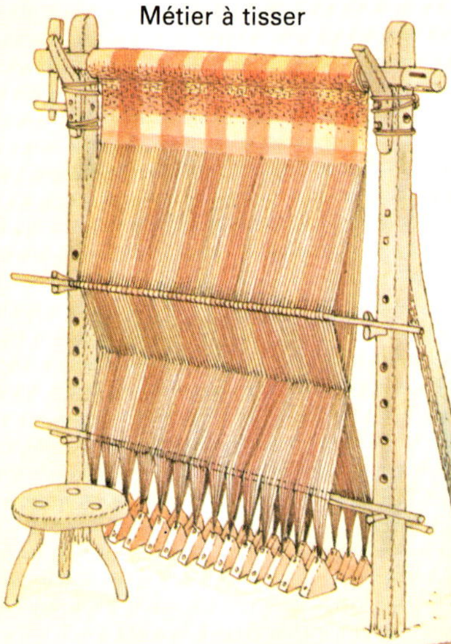

▷ Les tisserands fixaient dans le sol les pieds de leurs métiers à tisser verticaux. Des poids triangulaires en argile tendaient les fils de chaîne. Des motifs colorés ornaient l'étoffe de laine. Les teintures s'obtenaient à partir de fleurs et de plantes.

## Une véritable civilisation

Pour les auteurs grecs et romains, les Celtes étaient des « barbares ». Pourtant, les tribus celtes développèrent des arts et des techniques, parmi les plus perfectionnées de l'Antiquité.

D'un bout à l'autre de l'Europe, les Celtes parlaient une même langue, le celtique, qui, comme le latin ou le grec, appartenait à la famille linguistique dite « indo-européenne ». Aujourd'hui, il n'en reste plus guère de trace, à l'exception de quelques noms de lieu. Le gaélique irlandais et écossais, le gallois et le breton sont les derniers vestiges de la langue celte.

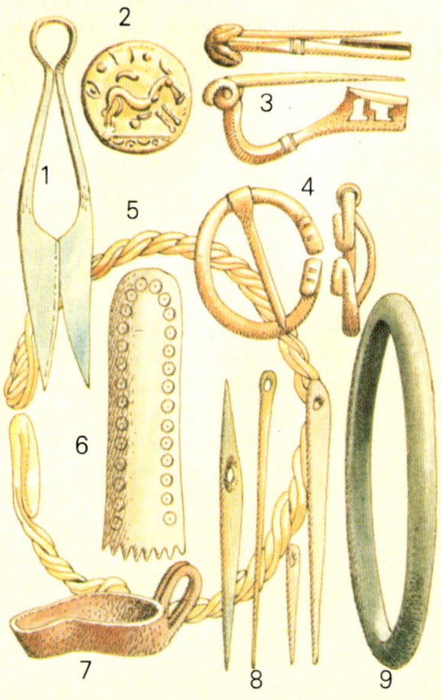


Objets de la vie quotidienne découverts dans des tombes celtes

1 Forces (ciseaux).
2 Pièce en or (Gaule-Belgique). La monnaie celte apparut au IV$^{e}$ siècle avant J.-C.
3 Fibules ou broches en bronze et en fer.
4 Broche en bronze.
5 Bracelet en or.
6 Grattoir en os.
7 Lampe à huile en argile.
8 Aiguilles en bronze et en os.
9 Bracelet de jeune femme en argile schisteux noir.

▷ Quelques poteries celtes d'avant la conquête romaine
10 Vase.
11 à 16 Différents types de jarres et de récipients.
17 Assiette de table.
18 Pot à cuisson.
19 Tasse à anse.
20 Gobelet.

◁
21 Petite meule rotative à grains. Le pain était cuit dans des fours en argile comme celui que l'on voit dans la hutte.
22 Chaudron en bronze.
23 Crochet en bronze servant à lever le loquet des portes.
24 Chenêts en bronze.
25 Fuseau à spirales en argile.
26 Peigne à carder en os.
27 Poids de tissage.
28 Foret à archet (tarière).

Les Celtes vivaient en général avec leur famille dans des fermes dispersées. Celle que l'on voit ci-contre a été reconstituée d'après des vestiges découverts dans le Sud de l'Angleterre. D'autres habitaient des villes fortifiées, les oppidums, situés sur une importante voie commerciale ou à proximité de gisements de minerai de fer, de sables aurifères ou de sel.

## Un esprit ingénieux

Au cours de leurs migrations vers l'Ouest — en Espagne, en Gaule, dans les îles Britanniques, les Celtes apportèrent aux populations autochtones du Néolithique une solide expérience du travail du fer et du bois. Leur esprit ingénieux les conduisit à inventer le savon et la cotte de mailles. Les Celtes furent les premiers à ferrer leurs chevaux. Ils cerclaient les roues de leurs chariots de jantes en fer

◁ Les labours
29 Dans les régions méditerranéennes, les labours se faisaient encore à l'aide de l'araire primitif, se contentant d'égratigner le sol.
30 Le soc de charrue en métal améliore les rendements.

▷ Les outils utilisés par l'artisan du bois
31 Ébranchoir.
32 Faucille.
33 Ciseau à bois.
34 Herminette.
35 Hache.
36 Râpe.
37 Burin.
38 Scie à manche.
39 Pinces.
40 Couteau.
41 Marteau.

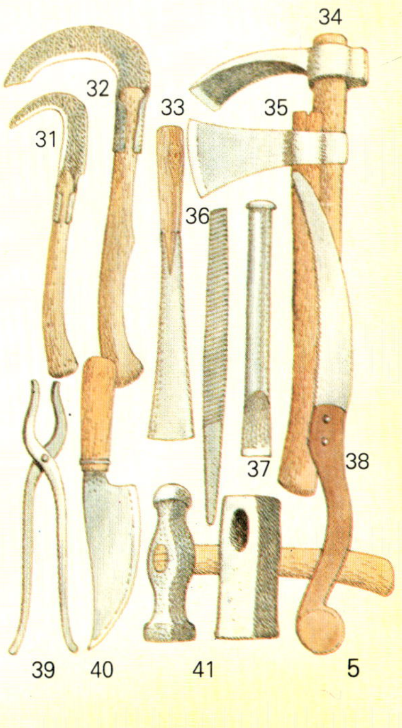

d'une seule pièce. Ils furent aussi parmi les premiers à utiliser la charrue à soc et le moulin à blé. Inventeurs de la tonnellerie, métallurgistes de talent, excellents potiers, émailleurs et verriers habiles, les artisans celtes ont apporté une contribution essentielle à l'évolution des techniques. Leurs outils (haches, limes, marteaux, vrilles, etc.) se différenciaient à peine des nôtres.

## Agriculteurs

Vers 300 avant J.-C., les Celtes cultivaient différentes variétés de blé, de l'avoine et de l'orge. Le blé de la Gaule avait une grande renommée pour sa qualité.

On séchait les épis, puis on les chauffait dans des fours en argile ou sur des silex brûlants. Les grains étaient ensuite stockés dans des « silos » creusés dans le sol. Quant au blé de semence, on le conservait dans des greniers.

Les techniques des paysans celtes étaient plus élaborées que celles des Romains. Ils utilisaient en effet des engrais, inventèrent la faux, la charrue à versoir et la moissonneuse, poussée par une mule ou un bœuf. Les roues de leurs chariots étaient munies de collets, ancêtres du roulement à billes !

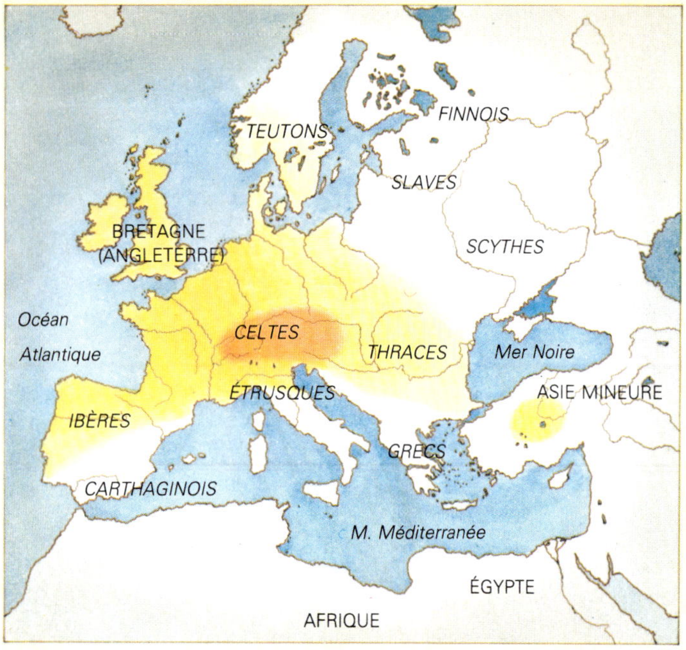


△ **La civilisation celte** en Europe et en Asie Mineure. Entre 800 avant J.-C. et l'ère chrétienne, les Celtes, partis d'Europe centrale (orange), occupèrent progressivement un immense territoire (jaune).

▽ **Trois exemples d'artisanat d'art**
1 Miroir de bronze. Finement travaillé, il a probablement appartenu à une femme de condition élevée.
2 Torque ou collier, constitué de fils d'or et d'argent torsadés.
3 Vase de bronze à bec. Son usage était peut-être rituel.

◁ **L'art militaire**
4 Une imposante cité fortifiée celte, ou *oppidum*.
Ses fortifications de terre et de bois s'étendaient sur près de 23 hectares et pouvaient abriter près de 5 000 personnes.
5 Revêtu de ses armes, ce chef celte devait être impressionnant. Son bouclier de bronze était incrusté de perles de verre multicolores. Le casque de bronze et le torque du cou indiquent qu'il s'agit d'un guerrier de haut rang.
6 Fourreau d'épée en bronze.
7 Lance à pointe de fer.
8-9 Différents poignards et leurs fourreaux.

10

11

## Éleveurs et guerriers

Les Celtes élevaient non seulement des bovins, mais aussi des chèvres, des cochons et des moutons. Peut-être élevaient-ils aussi des poulets. Les abeilles fournissaient la cire et le miel. Celui-ci remplaçait le sucre, comme chez les Romains.

Le cheval avait une grande importance. Jules César décrit dans son livre, *Commentaires de la guerre des Gaules,* l'adresse avec laquelle les Celtes montaient leurs chevaux et maniaient leurs chars de guerre. Excellents combattants, leurs expéditions militaires firent trembler Rome au IIIe et au IIe siècle avant notre ère.

La désunion des tribus celtes et leurs rivalités permanentes furent probablement une des principales causes de leur défaite face aux Romains. Le dernier pays à population celtique à être soumis et incorporé à l'Empire romain fut l'Angleterre, en 84 de notre ère.

A la ferme

10 Les fermiers celtes d'Europe centrale ont inventé la moissonneuse. Une mule, un âne voire un bœuf, la poussaient sous la conduite d'un homme. Une lame de fer dentée coupait les épis aussitôt recueillis dans la caisse de la machine.

11-12 Deux autres inventions dues aux Celtes : la faux et la charrue à soc montée sur roue.

13 Cette charrue celte fut retrouvée dans une tourbière au Danemark.

12

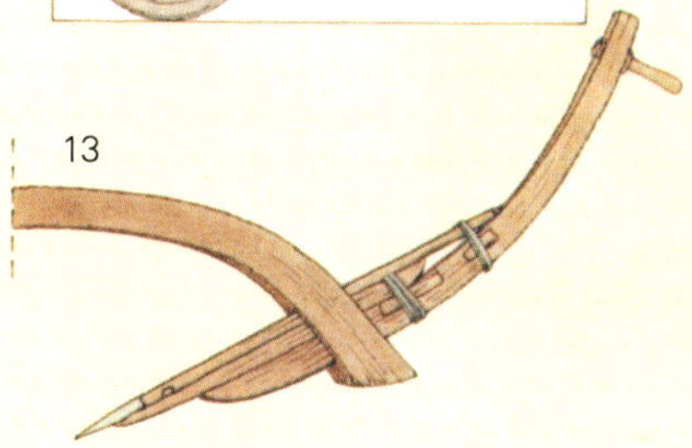
13

◁

14 Ce char d'apparat fut découvert à Djebjerg (Danemark). Fabriqué en Allemagne du Sud par des artisans celtes, il était somptueusement décoré de plaques en bronze.

15 Des bâtonnets de bois enserrés dans un collier en bronze forment une sorte de roulement à billes, facilitant la rotation des roues sur leurs axes.

16 Filet (mors) de cheval avec boucle de sangle et anneau d'attelle en bronze.

17 Fer à cheval. Les Romains ne connaissaient pas son usage.

18 Char léger de combat à deux roues, aux flancs garnis d'un tressage d'osier.

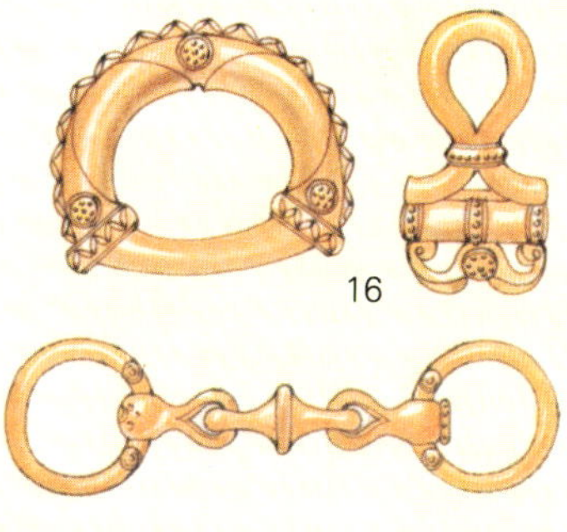
16

14

17

18

15

# Un grand domaine agricole chez les Romains

Environ 90 pour 100 de la population romaine vivait à la campagne. Les *villae* étaient à la fois des lieux de résidence à la campagne et des fermes. Elles appartenaient à de riches Romains qui les avaient fait bâtir dans des régions fertiles, près des routes commerciales et des ports, assurant ainsi l'écoulement de leurs produits. Les premières apparurent aux environs de notre ère.
La villa Settefinestre (sept fenêtres) représentée page ci-contre, en offre un exemple typique. Elle fut édifiée au Ier siècle avant J.-C. par Publius Sestius dans le Sud de l'Étrurie, l'actuelle Toscane (v. carte, p. 9). Bien adaptée au terrain, la villa se dressait au centre d'un grand domaine sur le flanc ouest de la colline de Cosa, à proximité de la mer Tyrrhénienne. Elle dominait alors, avec d'autres *villae*, une large vallée fertile.

**Le bâtiment principal**
La surface du bâtiment principal atteignait 2 000 mètres carrés. La *villa* était bâtie en pierres et en briques jointes par un mortier, un mélange d'argile, de chaux et de sable. Bâtie de plain-pied, elle reposait à la fois sur les roches de la colline et d'immenses caves donnant sur le jardin.
Le plan de la *villa* ressemblait à celui des maisons de Pompéi, la célèbre ville romaine détruite par l'éruption du Vésuve en 79 après J.-C. Le maître et sa famille occupaient la plus grande partie de l'habitation. De splendides mosaïques ornaient les sols ; des peintures et des stucs recouvraient les murs et les plafonds. Une galerie à colonnades ceinturait la *villa*.

**Les autres bâtiments**
La résidence du contremaître, les cellules des esclaves et la ferme constituaient le reste de la demeure. Les communs, les pressoirs (raisin et olive), les caves à vin, les « hangars » à outils et les écuries se trouvaient un peu à l'écart. Dans la cour de la ferme, on battait le blé. Des jarres enterrées dans le sol servaient à stocker les grains, le vin et l'huile d'olive.

1

**Des effets personnels**
1 Vêtements d'un couple de riches propriétaires et de leurs esclaves.
2 Les comptes étaient consignés sur des rouleaux de papyrus.
3 Couteau pliant.
4 Lampe à huile en bronze.
5 Plumes, styles et encrier.

Les Romains créèrent la toge demi-circulaire. Elle était réservée aux citoyens libres. Voici comment on s'en drapait.

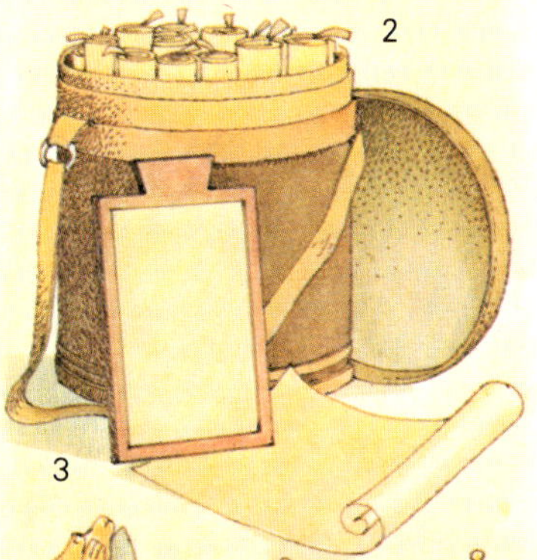


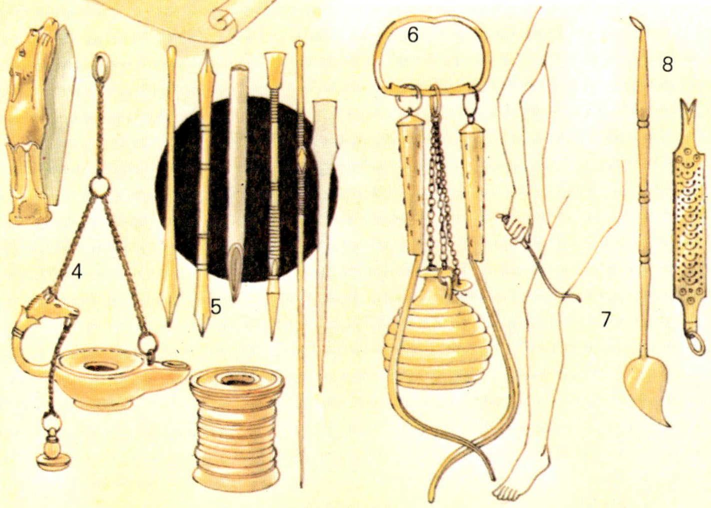

▷ Les vins produits à Settefinestre étaient exportés vers la Gaule et l'Espagne.
A l'extrême droite, carte représentant la villa Settefinestre et ses environs. En orangé, le domaine.

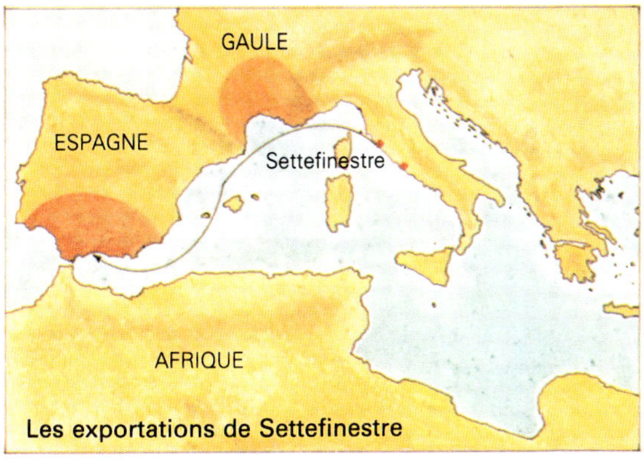


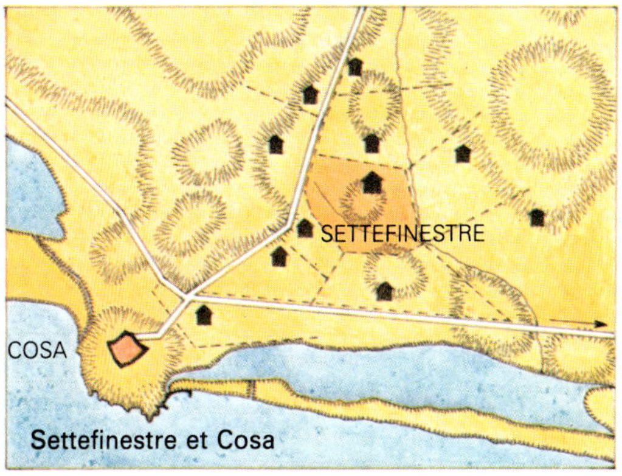


▽ Reconstitution de la *villa*, vue du côté ouest. Seuls les murs du jardin et les piliers du soubassement subsistent encore.

△ Un cabriolet ou *cisium*, d'origine étrusque. Il servait à de courts déplacements.

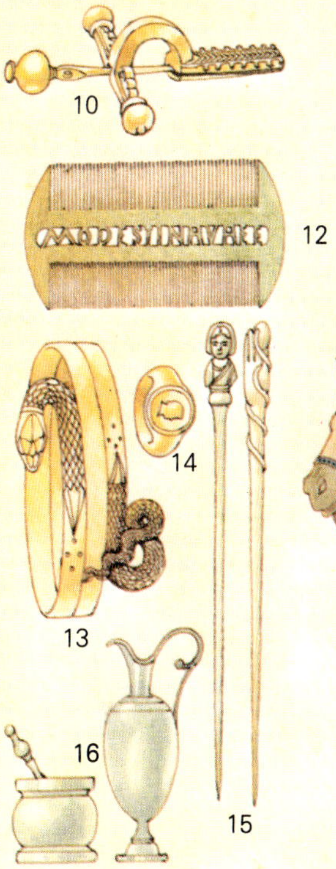


6 *Strigile* pour se nettoyer et se frictionner.

**Une belle Romaine à sa toilette**

7 Cure-oreille.
8 Lime à ongles.
9 Miroirs en cuivre poli.
10 Broche, ou fibule, pour retenir les extrémités d'un vêtement.
11 Boucle d'oreille en or sertie de deux perles.
12 Peigne en ivoire.
13 Bracelet d'or.
14 Bague en or ornée d'une tête de divinité.
15 Épingles à cheveux en ivoire sculpté.
16 Fiole en argent, mortier et pilon pour le maquillage.

▽ C'est avec cette carriole à deux roues que le maître de Settefinestre se rendait à Rome.

## La vaisselle

1 Plat en argent.
2 Coupe en terre cuite.
3 Bol en terre cuite.
4 Pot à anses et son couvercle.
5-6-7 Couteau, cuiller et fourchette.
8 Légumier en argile fine.
9 Coupe à anses en argent.
10 Chaudron.
11 Cruche à vin.
12 Carafes en verre et gobelet.

# UN GRAND DOMAINE AGRICOLE

**Publius Sestius**

Les affaires de Publius Sestius prospéraient. Il était assez riche pour posséder ses propres bateaux et fabriquer lui-même ses jarres et ses amphores. Certaines d'entre elles, marquées à son nom, ont été retrouvées en Italie, en France et en Espagne (v. carte, p. 9).

**Un vaste vignoble**

La vigne constituait la principale source de revenus du domaine. Le vignoble mesurait 100 *jugera* (un *jugerum* équivalait à 25 ares). Il ne fallait pas moins de seize hommes pour l'entretenir et le travailler. Des esclaves exécutaient les travaux de la ferme. Ils vivaient comme les soldats, dans des baraquements à l'intérieur de l'enceinte côté ferme (v. le plan).

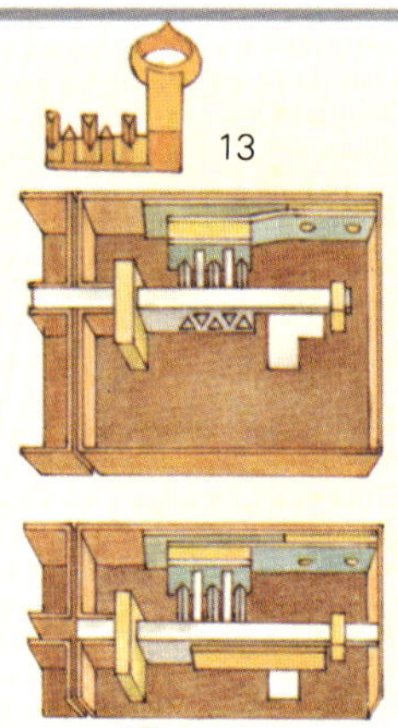


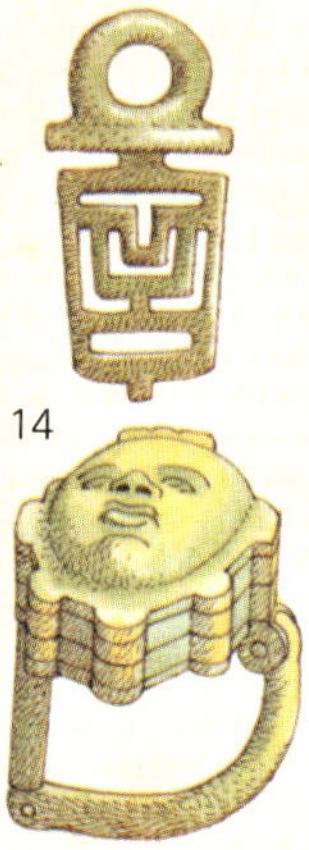


13 Serrure reconstituée et sa clé. On introduisait la clé dans le trou en forme de L pour faire coulisser et remonter le pène. En haut, position fermée ; en bas, position ouverte.
14 Cadenas décoré et sa clé.
15 Mesure à grains ou *modius*. Cet instrument est encore en usage en Toscane (Italie).

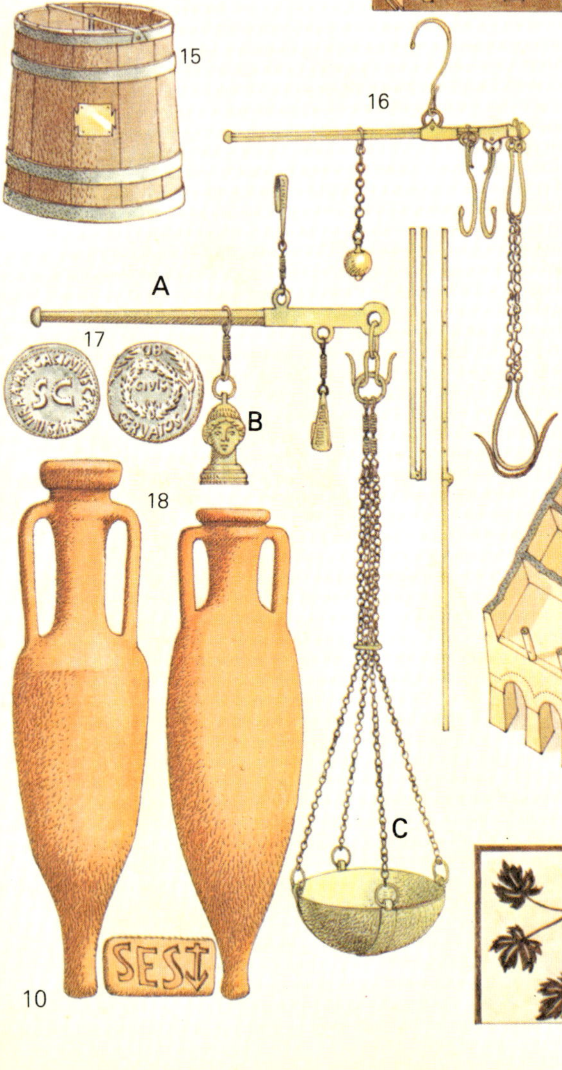

16 Balances en bronze. A Fléau. B Poids coulissant. C Plateau suspendu. Les graduations figurent le long du fléau.
17 Un sesterce romain en bronze (avers et revers).
18 Les amphores servaient au transport de l'huile, du vin et des grains. En bas, le sceau de Sestius.

▽ **Plan de la villa Settefinestre.** La ferme et les cellules des esclaves figurent en couleur plus foncée.

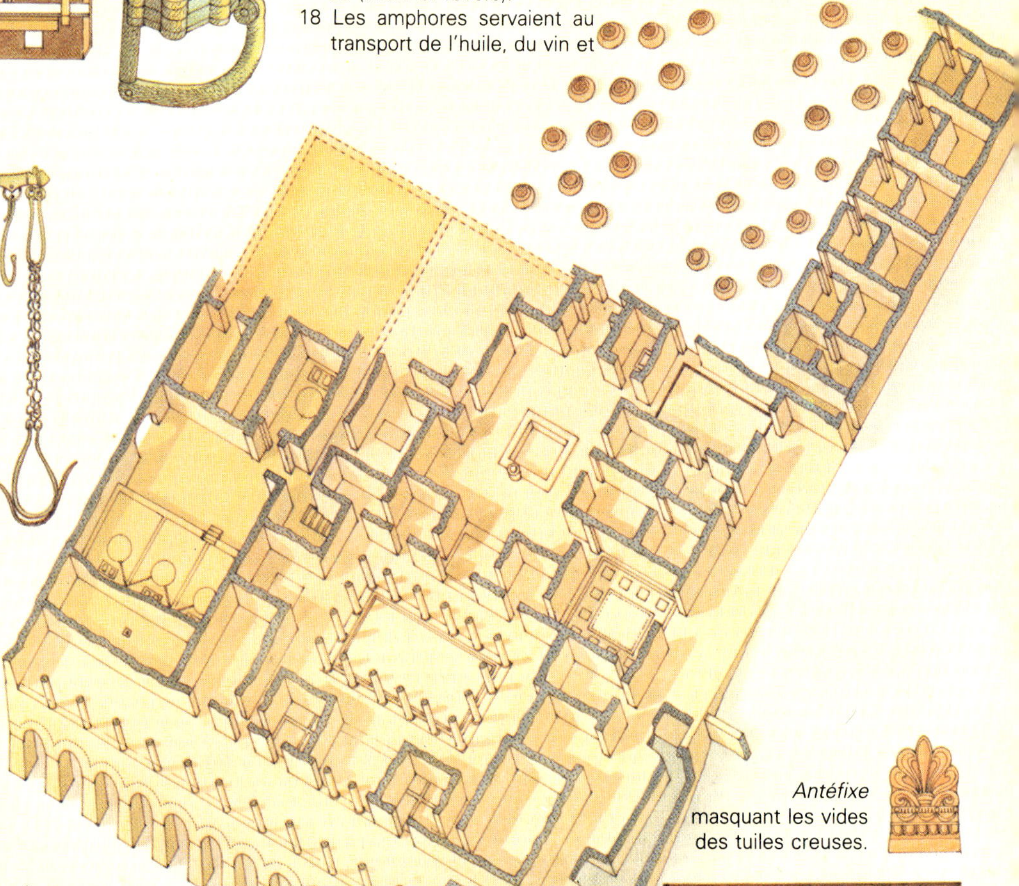

*Antéfixe* masquant les vides des tuiles creuses.

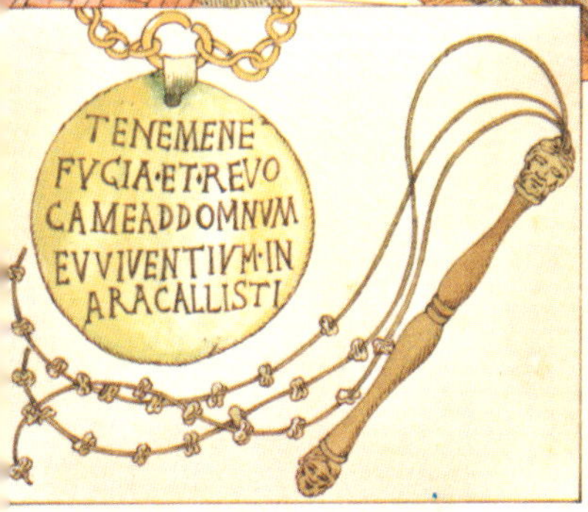


△ Esclaves travaillant au pressoir. Ce type de pressoir est encore en usage en Italie du Sud.

◁ **Les symboles de l'esclavage :** un fouet et un insigne en bronze porté autour du cou et sur lequel était inscrit : « Garde-moi de peur que je ne fuie. Ramène-moi à mon maître Viventius du domaine Callistus. »

19 Différentes façons de porter.

20 Cuve à vin.

21-22-23 Jarres pour le vin, l'huile et le blé.

24 Les grosses jarres étaient enterrées dans la cour de la ferme, pour la conservation du vin et de l'huile.

25 Panier à raisin et à olives.

26 Panier à charroi.

27 Seau à eau.

28 Panier accroché au bât des bêtes de somme.

**Les outils pour la taille et la culture de la vigne**

29-30 Fossoirs.

31 Binettes.

32 Serfouette.

33-34-35 Bêches.

36 La vigne était ordinairement « mariée » aux arbres qui servaient de tuteurs. Ce procédé est encore en usage en Italie.

37 Couteau à élaguer.

38 Serpette.

39 Couteau à grappes.

40 Couteau à sarments.

41 Sécateur.

42 Charrue romaine.

43 *Tallum,* ou aiguillon. L'extrémité servait à gratter le soc.

44 Soc de charrue en fer.

45 Joug à bœufs.

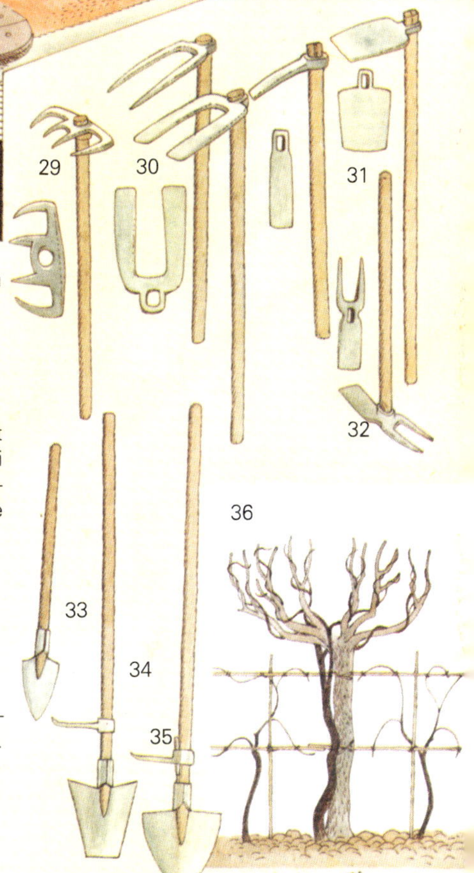


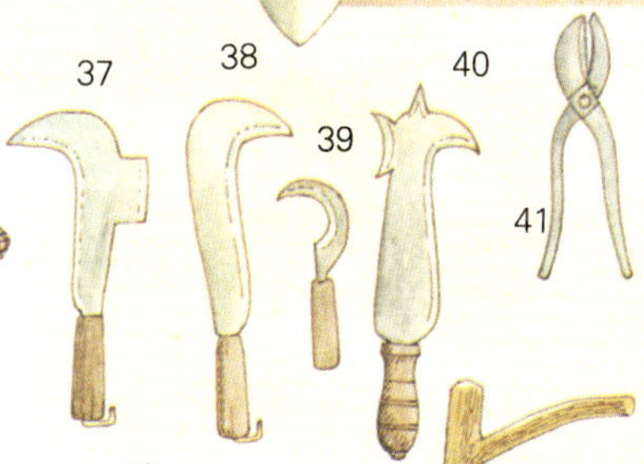


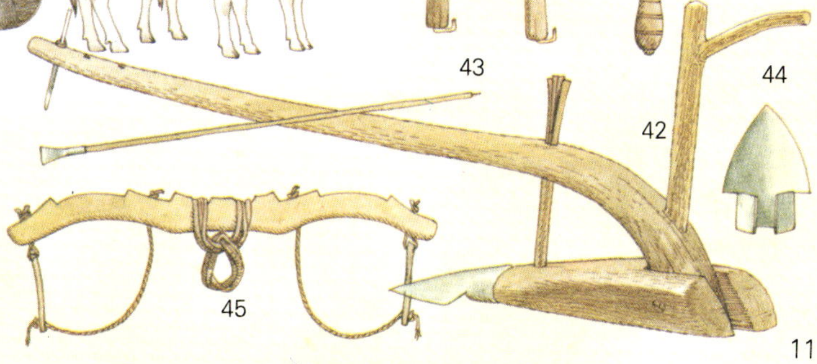

# Dans les villes romaines

Capitale d'un immense empire, Rome ne formait au VIIIe siècle avant J.-C. qu'un ensemble de cabanes de roseaux et de bois sur les bords du Tibre. Au temps d'Auguste, elle comptait plus d'un million d'habitants et s'étendait sur près de 2 000 hectares. Bien peu de témoignages restent de ce que fut la vie quotidienne à Rome à son apogée, au Ier siècle de notre ère. En revanche, ils sont particulièrement nombreux à Ostie, le plus grand port de l'Empire qui desservait la capitale romaine (v. carte, p. 13).

**De vrais immeubles**

Les habitants des villes vivaient dans de grands immeubles en brique de trois à cinq étages, bâtis autour d'une cour ou d'un jardin. Les derniers étages étaient parfois construits en bois. On accédait aux appartements à partir de la cour, ou même de la rue, par des escaliers situés entre les boutiques du rez-de-chaussée.

Un appartement comprenait cinq ou six pièces desservies par un couloir. Celui-ci donnait sur la rue et se terminait sur une pièce plus grande que les autres. Murs et plafonds étaient souvent décorés avec soin.

**L'eau : un confort essentiel**

Les villes étaient bien approvisionnées en eau. Pour cela, les Romains n'hésitaient pas à aller la chercher très loin (parfois plusieurs centaines de kilomètres) grâce à des conduites en plomb ou en terre cuite. Ils ont aussi inventé les ponts-aqueducs pour franchir les vallées. Les neuf principaux aqueducs de Rome avaient une longueur totale de 425 kilomètres et une capacité journalière de 350 millions de litres !

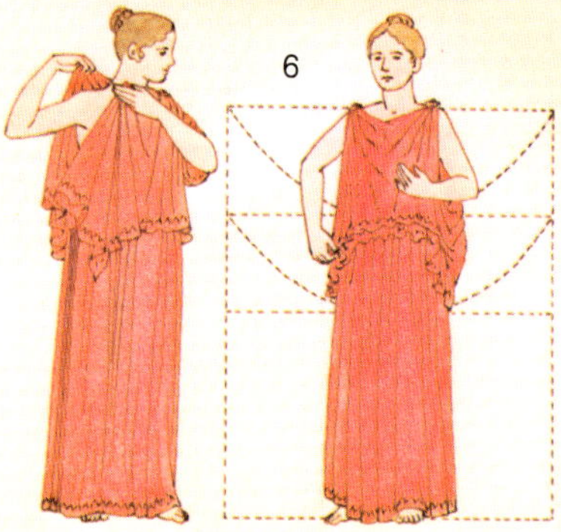

**Les costumes romains étaient tous drapés.**

1 Tenue de garçon. Les enfants des familles nobles portaient un médaillon, la *bulla*.

2-3 Les femmes portaient la tunique longue au-dessus d'une robe serrée à la taille. Les manches étaient maintenues par des fibules. La robe pouvait être dépourvue de manches. Pour sortir, les Romaines mettaient une sorte de manteau, la *palla*.

4 Ce chef de famille portait la *toge prétexte* à bande rouge verticale, un attribut des magistrats. Le type de siège sur lequel il est assis était réservé aux sénateurs.

5 Autel familial.

6 *Peplos* grec formé d'une unique pièce d'étoffe et la façon de s'en draper. C'est l'ancêtre de la toge romaine féminine.

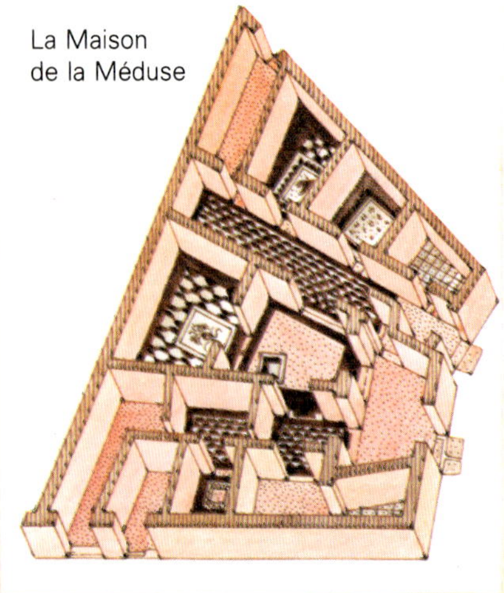


◁ **La Maison de la Méduse** à Ostie appartenait à une riche famille. De somptueuses mosaïques décoraient les sols.

▷ Cet immeuble d'Ostie de cinq étages, date de l'époque impériale.
Un escalier, situé entre les boutiques du rez-de-chaussée, conduisait aux étages. Les pièces du premier étaient réservées aux locataires les plus fortunés. Sous la chaussée, les égouts et les canalisations d'eau.

Le premier aqueduc date du IV^e^ siècle avant J.-C. L'aqueduc captait l'eau d'une source et la conduisait à des châteaux d'eau. Un système de vannes et de robinets commandait l'alimentation des fontaines publiques (où la grande masse des citadins venait puiser son eau), des établissements de bains (thermes) et des palais des riches citoyens. Au I^er^ siècle, un tout-à-l'égout complétait un réseau complexe de distribution d'eau.

## Des bains publics et privés

Ostie possédait dix-huit thermes, grâce à son excellent système d'adduction d'eau. Certains thermes étaient privés, d'autres publics. Mais tous constituaient des lieux très fréquentés au sein de la cité ; on y parlait autant affaires que chiffons !

On les utilisait de la façon suivante : le baigneur s'exerçait d'abord au gymnase, le plus souvent sans se déshabiller complètement. Puis il pénétrait dans le *tepidarium* (bain tiède), passait par l'étuve sèche, se plongeait dans les baignoires très chauffées du *caldarium* et pouvait, pour finir, se tremper dans la piscine froide *(frigidarium)*.

## Le plus grand port de l'Empire

L'antique port d'Ostie était situé au nord de la cité, à l'embouchure du Tibre. Les *saccarii* (dockers) déchargeaient les produits venus du monde entier. Une partie était transbordée sur des chalands qui gagnaient Rome en remontant le Tibre. On stockait denrées alimentaires et autres biens dans des entrepôts qui couvraient plus de dix hectares !

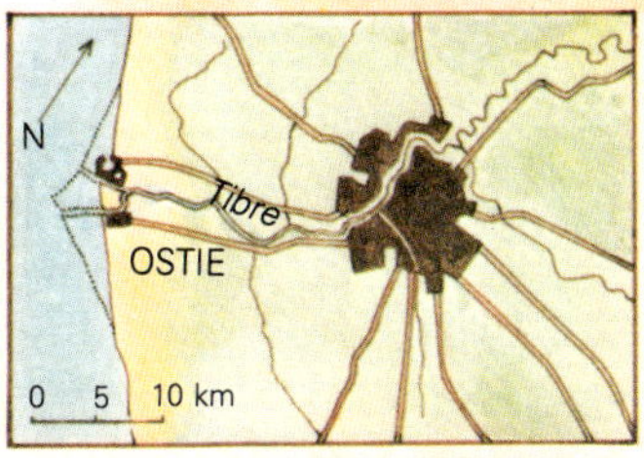


△ **Ostie et ses environs**
Les pointillés représentent la côte actuelle. Les principales voies romaines sont en rouge.
ROME

△ **Ostie**
7 Phare construit sous le règne de Claude.
8 Navire marchand romain équipé d'un canot de sauvetage et de cabines.
9 Mosaïques représentant le phare d'Ostie et un navire marchand.

**Les tuiles**
10 Les toits étaient en tuiles plates *(tegulae)*. Des tuiles creuses *(imbrex)* recouvraient les jointures.
11 Dès le III^e^ siècle, les tuiles plates portaient la marque de leur fabricant.

10

11

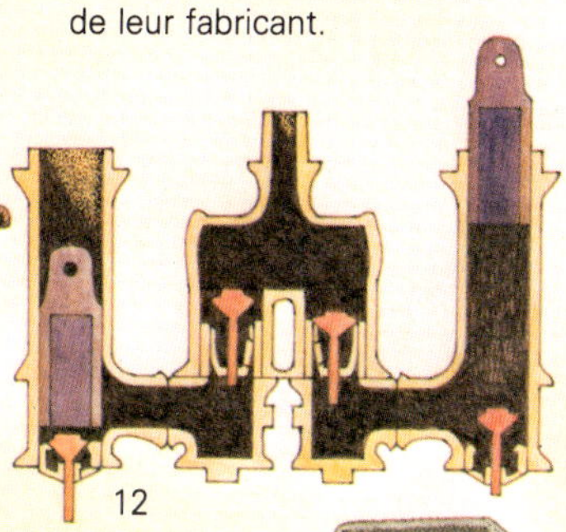
12

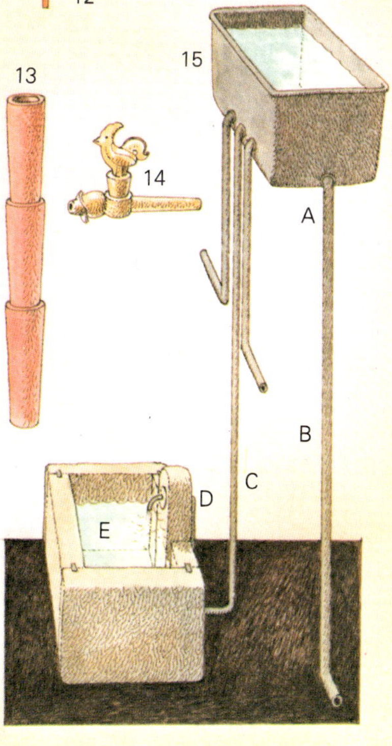


**Comment fonctionnaient les canalisations d'eau**
12 Pompe en bronze (reconstitution). Deux pistons étaient actionnés par un bras en bois. Des tuyaux reliaient le bas des cylindres au réservoir.
13 Canalisation d'égout en terre cuite.
14 Robinet en bronze.
15 Réservoir d'eau et canalisations.
A citerne. B Canalisations reliées à l'aqueduc ou au réservoir principal. C Branchement vers une maison. D Branchement de la fontaine. E Fontaine publique.

Une cuisine romaine

**La chambre à coucher : son mobilier, ses objets**

1 Lanterne à main en terre cuite.
2 Réchaud portable en bronze. A Ostie, peu de maisons étaient équipées d'un chauffage central.
3 Placard de chambre à coucher.
4 Lit.
5 Berceau en bois.
6 Table à trépied en bronze.
7 Fauteuil à dossier en bronze (d'après un modèle grec).
8 Pot de chambre en terre cuite.

**L'équipement de la cuisine romaine**

9 Ustensiles de cuisine en bronze retrouvés à Pompéi.
10-11-12 Chaudrons en bronze.
13 Trépied en fer
14 Pot à anses et couvercle en terre cuite.
15 Louche en bronze.
16 Passoire en bronze.
17 Chauffe-vin portable. Le liquide conservé dans le grand cylindre (A) était chauffé au charbon de bois (B). Une fois réchauffé, il ne restait plus qu'à le tirer au robinet (C).

**La salle à manger d'une riche famille romaine** (ci-dessous à gauche)

18 Trois lits étaient disposés en fer à cheval autour d'une table. Les membres de la famille occupaient le lit de gauche, les invités, les autres lits.
19 Coupe en terre cuite.
20 Coupe à anses en argent.
21 Carafe et légumiers en terre cuite (Ier siècle av. J.-C.).

**△ Les latrines publiques d'Ostie**

Situées près des thermes du Forum, elles comprenaient plusieurs sièges en marbre. On s'y rencontrait fréquemment pour parler de choses et d'autres. Les lieux publics comme le Forum, le théâtre ou les thermes, dans toutes les villes de l'Empire romain, comportaient des latrines. Les toilettes privées, fort rares, étaient un luxe que seuls les citoyens très riches pouvaient s'offrir.

**▽ Thermes et gymnases**

Ostie possédait dix-huit établissements de bains, ou thermes. Des chaudières à bois chauffaient par le sol des pièces dotées de trois bassins, aux températures différentes. Des gymnases étaient à la disposition des amateurs de culture physique, ainsi que des salles de repos. Sous l'Empire, les bains constituaient un des lieux de rencontre préférés des citoyens romains.

**La vie des artisans**
Les tombes nous en apprennent beaucoup sur la façon de vivre des habitants d'Ostie. Plusieurs d'entre elles portent des fresques représentant le métier du défunt.

◁ Un forgeron et son aide au travail. L'enclume est semblable à celle que nous utilisons encore. Accrochés derrière eux, quelques-uns de leurs outils.

△ Reconstitution de nombreux outils utilisés par les artisans d'Ostie. Ils sont tout à fait semblables à ceux que l'on utilise au XXe siècle. A droite : un rémouleur aiguise une lame de couteau sur une meule rotative.

DANS LES VILLES ROMAINES

## Boutiques et commerçants

Boutiquiers, aubergistes et artisans firent la prospérité d'Ostie. Ils construisirent de luxueuses maisons. Leurs employés formaient une importante classe moyenne.

Les boutiques se tenaient au rez-de-chaussée des immeubles. Elles comprenaient habituellement une grande pièce rectangulaire dotée d'un banc près de la porte. Les marchandises étaient exposées sur des étagères fixées aux murs. Une réserve se trouvait à proximité. Au fond du magasin, un petit escalier conduisait à la soupente, un entresol occupé par le boutiquier, sa famille et son personnel. Tavernes, cabarets et ateliers artisanaux se déployaient entre les boutiques.

La croissance d'Ostie, tout comme celle des autres cités romaines, était due pour une large part à la main-d'œuvre que constituaient de nombreux esclaves pour mener à bien les grands travaux. Sans eux, ni les aqueducs, ni les égouts et les systèmes de distribution d'eau n'auraient pu être construits.

## Les Romains en famille

Le père, chef de famille incontesté, exerçait une autorité impitoyable et avait droit de vie et de mort sur tous les membres de sa famille et leurs esclaves.

La salle à manger était le lieu privilégié de l'habitation. Hommes et femmes mangeaient ensemble, allongés sur des lits inclinés recouverts de coussins. Le mobilier allait du meuble simple et fonctionnel au meuble de style richement décoré. Chaises et lits étaient généralement en bois, parfois en métal.

De nombreuses statues ornaient les établissements publics et les jardins. Les riches citoyens en possédaient aussi chez eux. Des peintures — généralement des copies de peintures grecques des Ve et IVe siècles avant J.-C. rehaussaient les murs.

△ Une marchande de légumes dans sa boutique, fresque représentée sur une tombe de marbre du IIIe siècle.

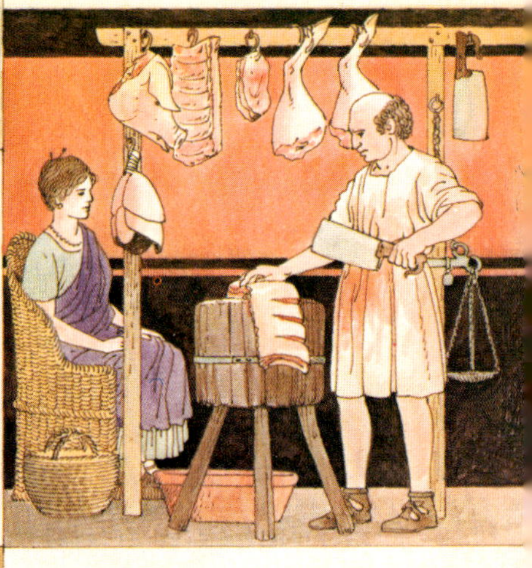

▷ Une boucherie au IIe siècle. Les quartiers de viande pendaient à des crochets. Derrière le boucher, une balance.

◁ Une boulangerie, d'après une peinture de Pompéi.

▽ Moulin de l'époque romaine, mû par un cheval aux yeux bandés. Les pains étaient retirés du four à l'aide d'une pelle en bois à long manche.

# Une colonie militaire

Après les deux tentatives de conquête avortées de Jules César en 55 et 54 avant J.-C., les Romains envahirent l'Angleterre en 43 de notre ère. Rome étendit son Empire de l'Espagne à la Turquie, et de la Libye à l'Écosse. Mais partout, sous le soleil du désert ou dans les brumes océaniques, la vie des soldats se ressemblait. Deux campagnes furent nécessaires au consul Agricola, pour conquérir le pays. Celui-ci fut pacifié en 84 jusqu'à la frontière de l'Écosse.

**Aux frontières de l'Empire**

Les soldats qui veillaient sur les frontières de l'Empire menaient une vie rude et dangereuse. Vindolanda, l'une des garnisons les plus septentrionales de l'Empire romain, était un fort édifié non loin du Mur d'Hadrien, une muraille destinée à protéger la nouvelle province romaine des incursions « barbares » en provenance du nord (l'Écosse actuelle).

La garnison avait pour mission de protéger cette voie frontalière et ses environs immédiats. Une rude tâche : des patrouilles circulaient sans cesse de part et d'autre de ce point stratégique. Cependant, la construction d'une frontière fortifiée, entre 120 et 130, après J.-C., sous le règne de l'empereur Hadrien, rendit la surveillance et la défense plus faciles. A l'origine, Vindolanda n'était qu'un camp en bois.

**Le vicus**

Un village, ou *vicus,* se développa à l'extérieur sur le flanc ouest de l'enceinte (v. ci-contre). Il abritait des civils, en général les familles des soldats. Le goût du confort des Romains était tel, qu'en 160, des hommes détachés spécialement de la sixième légion, y édifièrent un établissement de bains (thermes). Les soldats venaient s'y reposer, une fois leur service terminé. Ils y jouaient leur solde, mangeaient et buvaient.

Le plus grand bâtiment du village était une auberge pour voyageurs. Elle comprenait des chambres pour les hôtes de passage, des latrines, une cuisine, une salle à manger, une chaufferie, des bains, une brasserie, des pièces réservées aux domestiques et des écuries.

**Une patrouille**

1 Cavalier doté d'une cotte de maille.
2 Légionnaire portant une armure à plaques et tenant un javelot.
3 Casque de légionnaire avec protège-nuque.
4 Porte-enseigne et centurion. Les enseignes permettaient aux légionnaires, pendant la bataille, de reconnaître leur unité.
5 Fers de lances mis au jour dans le fort.

4

△ **Le Mur d'Hadrien** avec ses forts et ses voies de liaison. A chaque mille romain (1472 m) se dressait un fort.

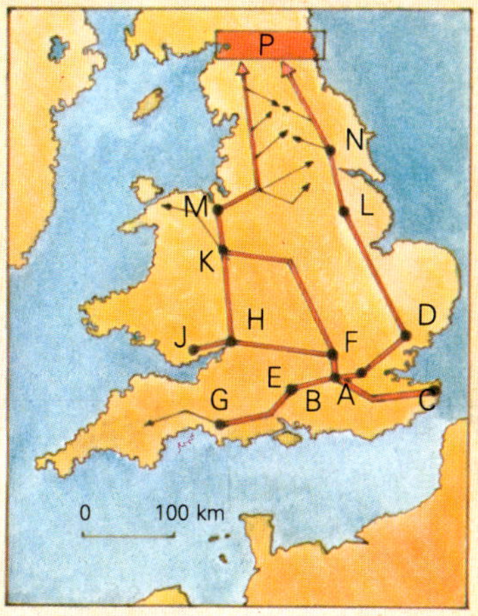


▷ Les principales voies d'invasion de l'Angleterre par les Romains.

| | | | |
|---|---|---|---|
| A | Londres | H | Gloucester |
| B | Brentford | J | Caerleon |
| C | Richborough | K | Wroxeter |
| D | Colchester | L | Lincoln |
| E | Silchester | M | Chester |
| F | St Albans | N | York |
| G | Maiden Castle | P | Mur d'Hadrien |

▽ **Reconstitution de la colonie de Vindolanda**

Le plan de la colonie romaine est conçu selon des règles strictes. L'enceinte est quadrangulaire. On pénètre dans le fort par quatre portes, chacune située au centre d'un côté. Les rues, rectilignes, sont parallèles ou perpendiculaires entre elles. Hors des fortifications, le *vicus*. A Les bains. B L'auberge.

5
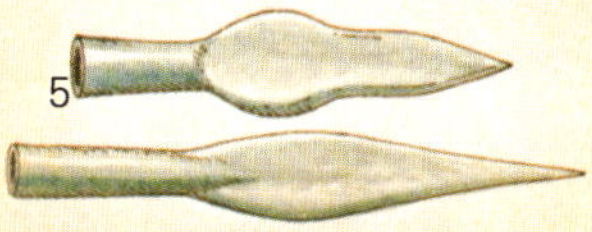

**Les défenses**

6 Baliste ou catapulte romaine. Ce type d'armes était installé sur des plates-formes situées à l'intérieur des murs du fort.
7 Pointes de flèches d'une baliste trouvée à Vindolanda.
8 Section du Mur d'Hadrien. La muraille à créneaux faisait 3 m de large et 4,50 m de haut. Un fossé de 9 m de large et 4 m de profondeur protégeait le mur. Tous les 500 m environ, un fortin abritait des sentinelles.
Deux tours de guet s'intercalaient entre chaque fortin. Un profond fossé, ou *vallum*, encadré de remblais, était situé de l'autre côté.
9 Pièce de monnaie frappée à l'effigie de l'empereur Hadrien et retrouvée à Vindolanda.

6
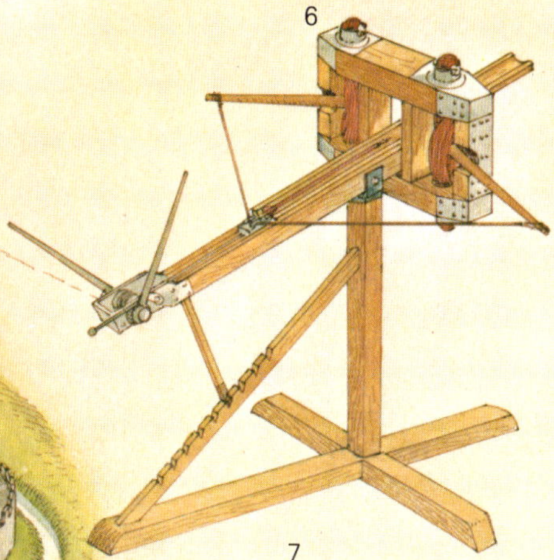

7
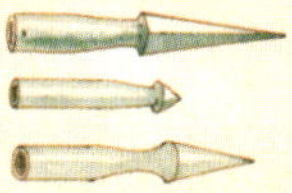

8
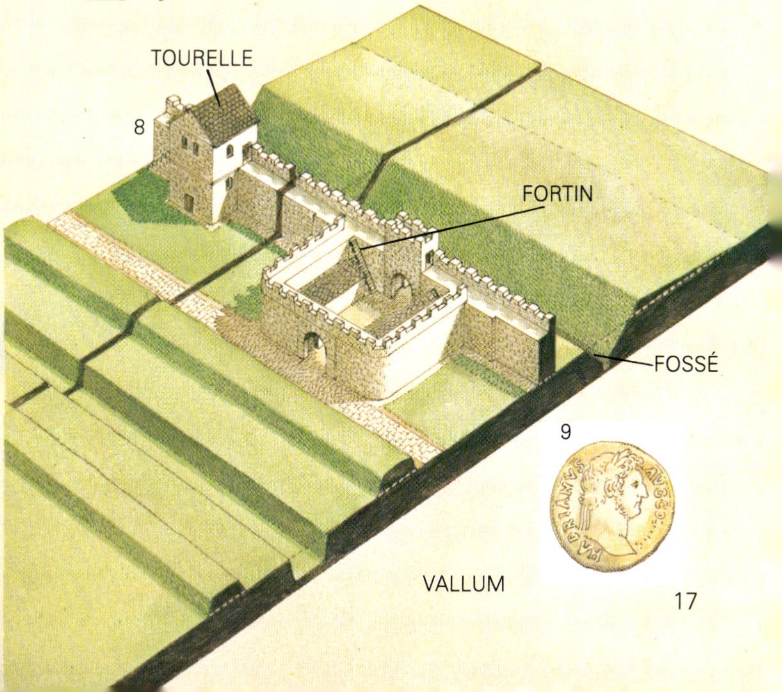


9

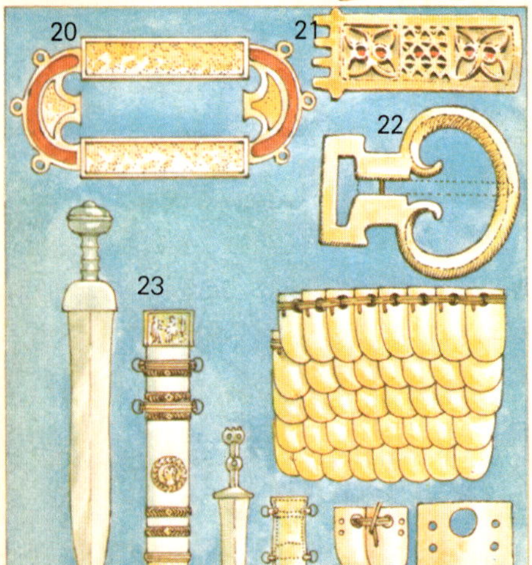


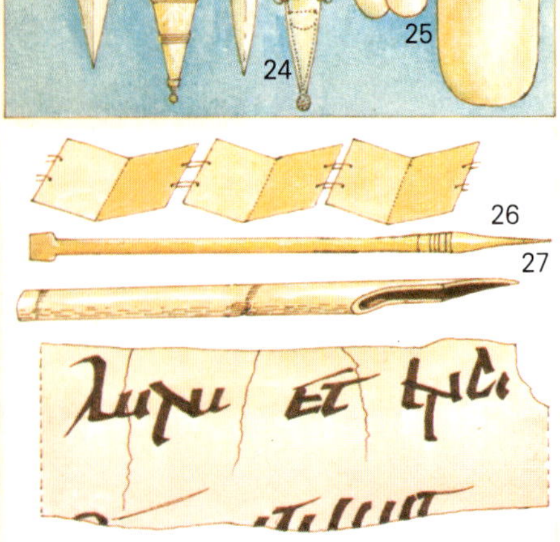


Objets personnels retrouvés à Vindolanda
1 Tenue d'officier (époque d'Hadrien).
2-3 Bague en or.
4 Boucle d'oreille dorée.
5 Épingles à cheveux en os.
6 Tunique de femme.
7 Camée.
8 Jeune coq (amulette en bronze).
9-10 Broches masculines.
11 Fibule à ressort (à gauche) ; fibule à charnière (à droite).
12 Peignes en bois.
13 Médaillon de fiançailles en jais (IIIe siècle apr. J.-C.).
14 Empreinte des clous d'une sandale sur le sol.
15 Sandale de soldat.
16 Sandale à lacer sur le pied.
17 Marque de cordonnier.
18 Sandale féminine.
19 Chaussure de civil.
20 à 22 Boucles de ceintures.
23 Glaive et son fourreau.
24 Poignard et son fourreau.
25 Cuirasse (détails).
◁ **Les tablettes de Vindolanda**
26-27 Pointe en bronze et plume en roseau.
28 Échantillon d'écriture.

## Vivre à Vindolanda

Les habitants de la colonie étaient fort jeunes, ainsi que le prouvent les ossements découverts dans le cimetière. C'est que l'espérance de vie y était alors très faible : environ 36 ans pour les hommes, 28 pour les femmes. En outre, cette moyenne ne tient pas compte de la mortalité infantile, très élevée.
De ces premiers habitants, quelques noms inscrits sur de petits autels dédiés à des divinités de l'île nous sont parvenus : Senilis, Longinus, Senaculus, Lupulus pour les hommes, Flavia, Emerita, Aurelia pour les femmes. D'autres, comme Martinus, Gatinius et Aurelius ont été retrouvés sur des poteries sous forme de graffitis. Beaucoup de ces noms n'étaient en fait que des noms locaux romanisés.

## Confort et élégance

En dépit de leur isolement dans une contrée froide et humide, les habitants de Vindolanda possédaient la plupart des commodités connues des Romains. Les portes des maisons avaient des serrures. Les fenêtres étaient défendues par des barreaux. Puits et citernes fournissaient de l'eau claire. Les femmes portaient des colliers, des épingles à cheveux, des bracelets et des bagues. Elles possédaient des peignes, des pinces à épiler et des miroirs en bronze poli. Les hommes utilisaient des fibules en bronze, des ceintures et des boucles d'émail. Tous et toutes portaient des chaussures, même les enfants en bas âge !

## Une correspondance officielle

202 tablettes en bois, gravées à l'aide d'une plume à encre ou d'une pointe ont été mises au jour. On y découvre toutes les périodes d'occupation du fort. L'une d'elles décrit la vie de la garnison. Une autre dresse une liste des besoins du fort : sel, épices, graisse de porc, cervoise, viande de chèvre, jambon, porcelet, venaison, orge, froment et blé malté.

## Pas besoin d'aide extérieure !

Relativement isolés, les habitants de Vindolanda utilisaient au maximum les ressources locales, tant animales que végétales. Bovins, ovins et chevaux fournissaient la viande, le lait ou la laine. La graisse des animaux servait à fabriquer des chandelles ; leurs os, des manches de couteaux, des peignes, des épingles à cheveux, des aiguilles, des pioches, des chevilles ou des dés et des pièces de jeux. Leur cuir

29

30

31

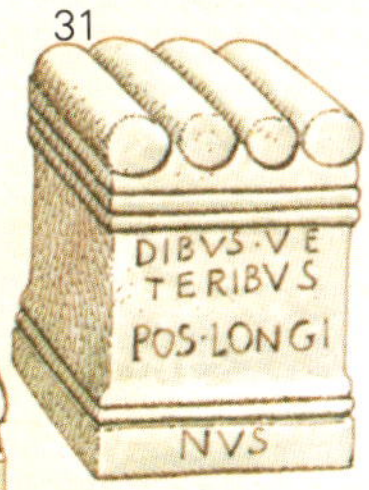

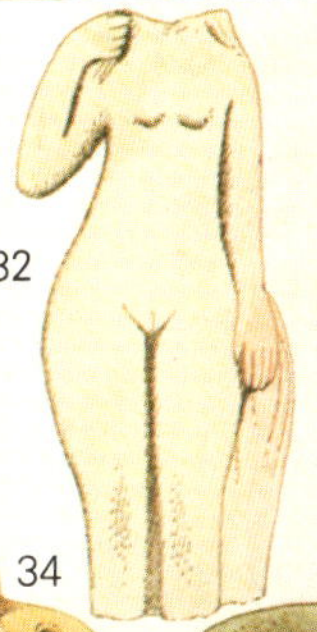

32

33

34

35

36 37 38

**La religion**

29 Autel de Mithra, une divinité adorée par les soldats.
30 Tombeau monumental du cimetière de Vindolanda.
31 Autel portatif.
32 Statuette de Vénus sans tête.
33 Damier, jetons et dés.
34 Lampe à huile en argile.
35 Gobelet
36 Jarre à anses (2 litres).
37 Pot de cuisine.
38 Jatte de cuisine (Gaule).

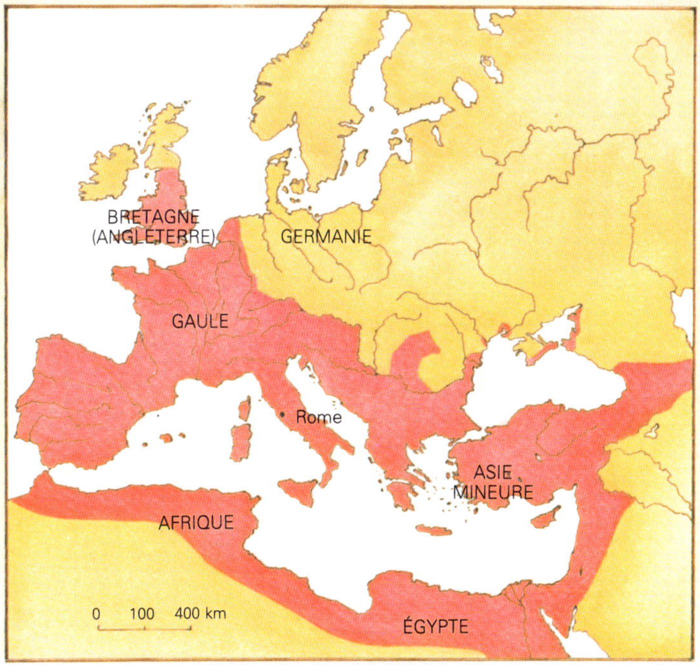


**L'Empire romain** sous le règne de l'empereur Hadrien. Vindolanda était la garnison la plus septentrionale de l'Empire. Le site fut définitivement abandonné en 406.

▽ **Un atelier d'artisans**
On y travaillait le cuir et le bois. Les outils ont été retrouvés par les archéologues. Deux hommes recouvrent le sol en terre de fougères fraîches. Sans doute la récolte de fougères pour la fabrication de nattes végétales était-elle l'une des principales activités de la population civile.

était utilisé aussi bien pour la confection des boucles, sacs, chapeaux, harnais et tentes que pour les armures et les chaussures.

La viande était abondante dans la région. Mais les terres étant peu propices à la culture des céréales, celles-ci devaient être importées du Sud de l'île. Des noisettes récoltées dans les forêts environnantes faisaient souvent partie du menu de la garnison. Les archéologues ont même retrouvé des traces de choux dans le puits du fort !

## Métiers et industries locales

La vaisselle ordinaire en terre cuite était produite sur place. Quant aux plus belles poteries, on les importait, généralement de Gaule.

Le minerai de fer était extrait et fondu à 250 mètres du fort. On extrayait aussi du charbon, pour chauffer certaines habitations. Mais le bois demeurait le principal moyen de chauffage.

A Vindolanda, on travaillait aussi le bronze et le cuir. On tissait et filait. On préparait la chaux nécessaire à la fabrication du mortier. Il existait à l'intérieur du fort des ateliers de réparation pour l'outillage agricole et le matériel militaire.

La présence des Romains à Vindolanda dura plus de deux siècles. Le retrait des troupes romaines de l'Angleterre en 406 entraîna l'abandon définitif du lieu. Pictes des hautes terres du Nord, Scots d'Irlande et Saxons du continent en profitèrent pour se partager la grande île.

# Au temps des grandes invasions

Au v^e siècle, l'Empire romain d'Occident s'effondrait sous les assauts d'envahisseurs étrangers. Des peuples entiers émigrèrent vers l'ouest avec armes et bagages, poussés à l'exode par les Huns venus de Mongolie. Parmi eux, les Angles et les Saxons (Anglo-Saxons), alors installés en Allemagne du Nord et au Danemark (v. carte, p. 23). Ils prirent pied en Angleterre et refoulèrent ses habitants, les Bretons, vers la Cornouailles, le Pays de Galles et l'Armorique. Jutes, Angles et Saxons s'installèrent dans la grande île et fondèrent plusieurs royaumes barbares dirigés par des chefs ou des rois dotés d'un pouvoir absolu et assistés d'une aristocratie militaire.

**Faire table rase du passé**

Aucune province de l'Empire romain d'Occident, même l'Afrique, ne subit d'aussi profonds bouleversements que l'Angleterre. Car il s'agissait là d'une conquête. A la différence de la Gaule, l'héritage romain fut pratiquement effacé. Le latin, le parler

**La noblesse**

1 Un noble à cheval et son faucon.
2 Rasoir.
3 Étrier finement ciselé.
4-5 Deux boucles de ceinture.
6 Broche en or.
7 Collier composé de perles de verre.
8 Vêtements d'une femme aisée.
9 Ciseaux de toilette.
10 Bague en or gravée.
11 Passoire en argent.
12 Peigne en os et son étui.
13 Crochet de cordelière.
14 Clé.
15-16 Épingles à cheveux.
17-18 Deux broches en or cruciformes.

**Le christianisme**

Le moine Paulinus, dont la mission est décrite dans l'*Histoire ecclésiastique de la Nation anglaise,* de Bède le Vénérable, vint en Northumbrie au début du VII^e siècle.

19 Boucle métallique d'un sac découvert dans le bateau-sépulture de Sutton Hoo. Le motif païen témoigne d'une forte influence scandinave.
20 Croix de saint Cuthbert, un saint de Northumbrie, mort en 687 et enterré à Durham.

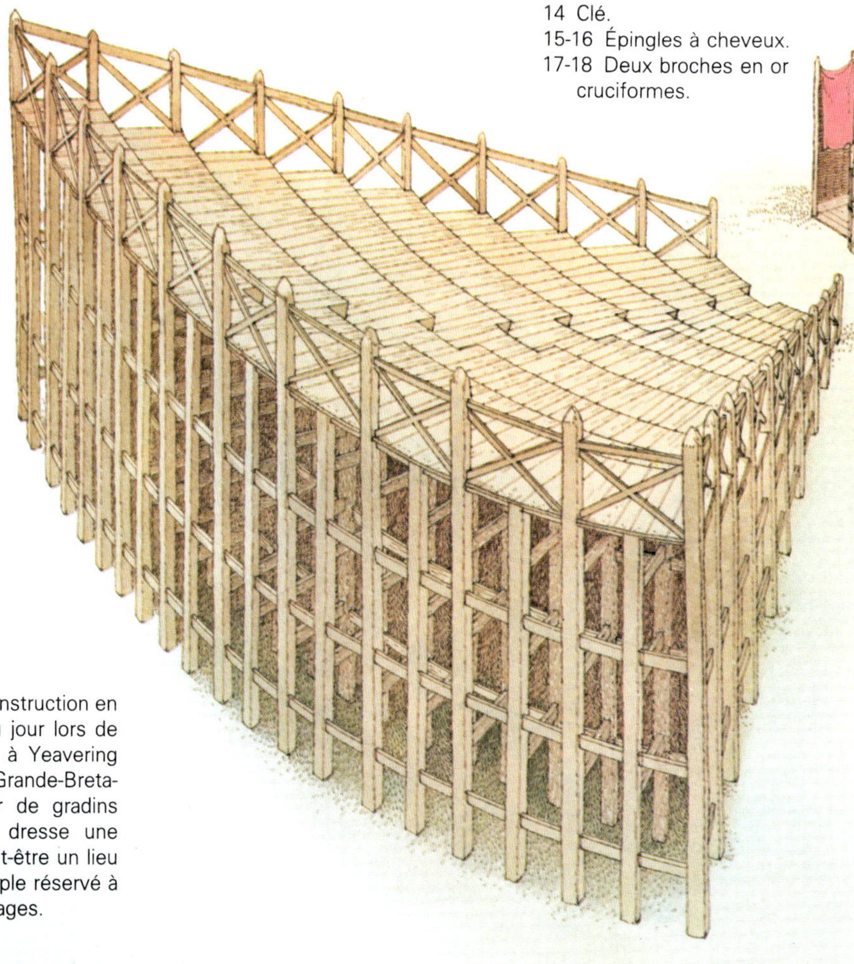

▷ Cette bizarre construction en bois a été mise au jour lors de fouilles effectuées à Yeavering (Northumberland, Grande-Bretagne). Il doit s'agir de gradins face auxquels se dresse une tribune. C'était peut-être un lieu de discours au peuple réservé à de grands personnages.

**Le site de Yeavering**

21 Une place fortifiée servait de refuge en cas d'attaque du camp.

22 La plus grande construction en bois de Yeavering, le Great Hall (découverte en 1953) a été bâtie en 600 ; elle fut reconstruite trois fois en un siècle. Le toit en chaume était supporté par des poutres centrales verticales. Une petite pièce séparée par une cloison était située à l'une des deux extrémités.

21

22

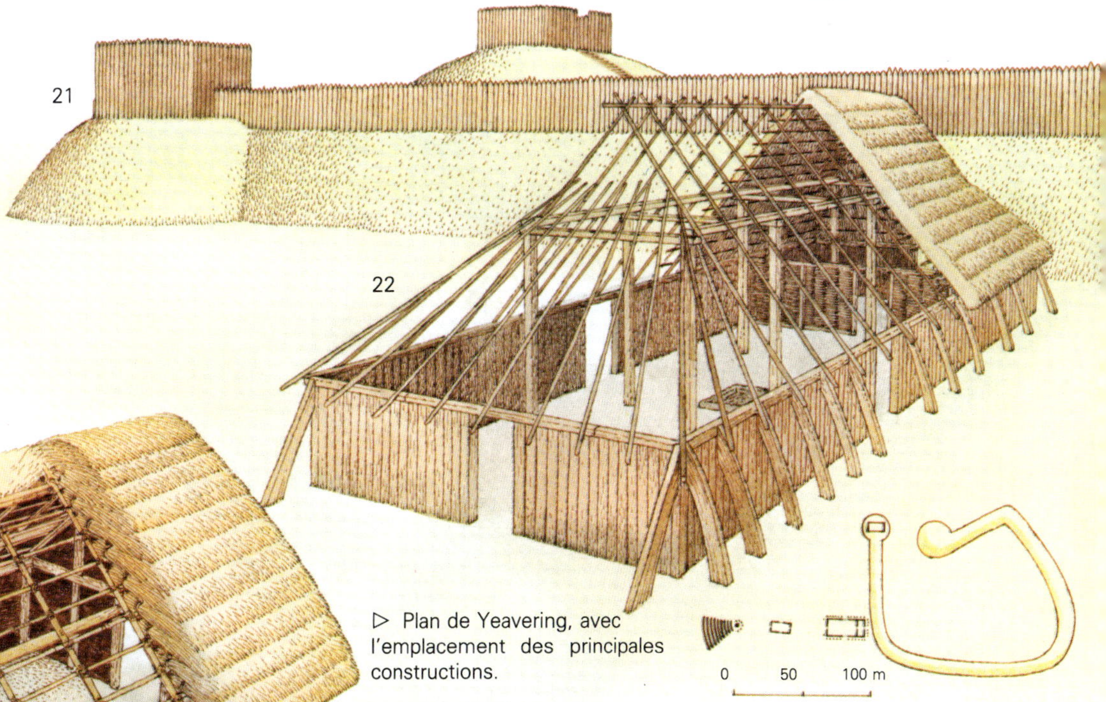


▷ Plan de Yeavering, avec l'emplacement des principales constructions.

23

24

23 Une habitation plus petite, près du Great Hall, abritait sans doute la suite du roi.

**La tombe royale de Sutton Hoo**

24 Motif ornemental d'un sac retrouvé dans le tombeau.

25 Une lyre.

26 Reconstitution de la tenue de combat du roi enterré à Sutton Hoo au VIIe siècle. L'armement est d'influence à la fois romaine et scandinave. Seuls les rois les plus importants avaient droit à de tels tombeaux, où l'on a retrouvé de nombreux objets de valeur.

27 Étendard en fer. Il devait être placé à la tête des troupes au combat.

28 Sabre long à deux tranchants, d'origine saxonne.

27

25

26

28

roman et le celtique disparurent, remplacés par le vieil anglais, la langue des nouveaux maîtres. Les cultes païens évincèrent le christianisme. Le droit romain fit place aux coutumes saxonnes. La population de l'île s'était même reconvertie à une vie rurale et tribale qui n'était pas sans rappeler celle des Celtes.

## Une résidence royale

Le roi et sa suite vivaient dans de vastes résidences. L'une d'elles a été mise au jour à Yeavering dans le Northumberland, comté du Nord de l'Angleterre. Elle appartenait aux premiers rois de Northumbrie, et comprenait plusieurs demeures en bois. La plus grande fut bâtie en l'an 600. Elle atteignait 27 mètres de long. Tout à côté se dressait un camp retranché, entouré d'une palissade en bois, qui servait de refuge en cas d'attaque.

## Hameaux et cités

La plupart des Anglo-Saxons habitaient des villages entourés d'un fossé. Les paysans vivaient dans des huttes regroupées autour de la résidence du roi ou de leur chef. L'espace compris entre les dernières maisons et le fossé servait d'enclos pour le bétail.

En général, on bâtissait les villages près de rivières navigables, que les Anglo-Saxons préféraient aux voies romaines pour se déplacer. Certains hameaux bien situés devinrent de petites cités marchandes. La plupart des anciennes villes romaines avaient été abandonnées à l'exception de Londres, York ou Canterbury. Cette dernière avait gardé des contacts avec la Gaule mérovingienne. Elle sera la première tête de pont chrétienne dans l'île.

## Les paysans

Les paysans étaient propriétaires de leur terre. Hommes libres, ils payaient l'impôt au roi et à l'Église et devaient servir dans l'armée. S'entraider mutuellement entre voisins : telle était la règle lors des travaux des champs. Mais la vie était rude et une mauvaise récolte signifiait la faim et des dettes.

Au dernier échelon de la société se trouvait l'esclave. On pouvait l'acheter, l'emprunter, le vendre ou l'échanger. Son prix ? Huit bœufs ! On pouvait naître dans une famille d'esclaves, ou le devenir à la suite de dettes ou par malchance.

## La terre découpée en tranches

Des chroniques rédigées par des moines nous font découvrir les techniques agricoles des Saxons. Les terres cultivées étaient morcelées et réparties autour du village. Les champs se divisaient en longues bandes d'environ un demi-hectare. Chacune de ces bandes mesurait 201,17 m de long — la longueur d'un sillon. Tout villageois devait cultiver un nombre de bandes déterminées en fonction du nombre de bœufs fournis lors des labours.

On pratiquait l'assolement triennal, très courant au Moyen Age en Europe centrale et septentrionale. En automne un premier champ était semé de blé ou de seigle. Au printemps, on semait le deuxième avec de l'orge, des haricots ou de l'avoine. Le troisième était laissé en friche pendant un an et servait de pâturages au bétail qui le fumait. Une partie de ce dernier était réservée au foins.

## Les outils du paysan

Les outils nombreux et variés du paysan saxon (v. ci-contre), étaient pour beaucoup d'entre eux semblables à ceux que nous utilisons encore dans nos fermes. Un mémoire du XIe siècle en dresse une liste : hache, serpette, crochet d'attelage, pioche, pince à levier, charrue, coutre, herse, aiguillon, faux, faucille, houe, bêche, pelle et râteau.

## Artisans et orfèvres

Les Saxons étaient de bons artisans, qui travaillaient la corne, l'os et le cuir. La plupart des ménages réalisaient eux-mêmes leur poterie. Car les rares potiers ne fabriquaient d'habitude que des urnes funéraires.

Outils de ferme

Famille paysanne saxonne

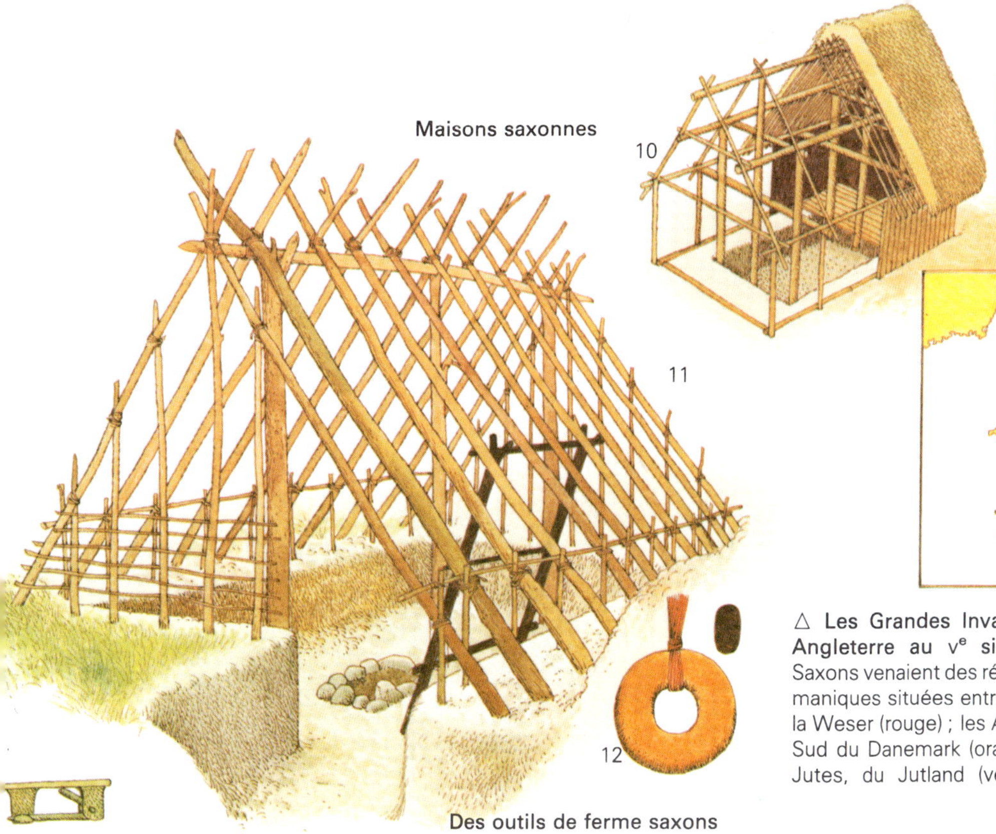

Maisons saxonnes

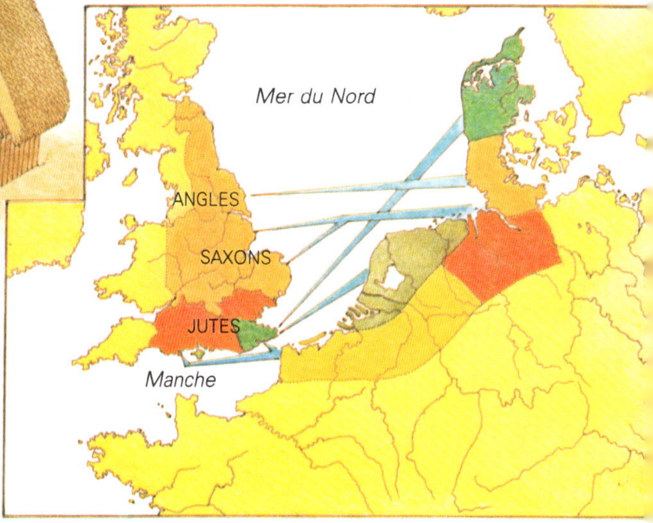


△ **Les Grandes Invasions en Angleterre au v<sup>e</sup> siècle.** Les Saxons venaient des régions germaniques situées entre l'Elbe et la Weser (rouge) ; les Angles, du Sud du Danemark (orange) ; les Jutes, du Jutland (vert). Figuraient aussi des tribus frisonnes et franques (vert olive et jaune sombre). Chassés de leurs terres par des tribus de l'Est, les Germains s'installèrent en Angleterre sur les territoires indiqués sur la carte.

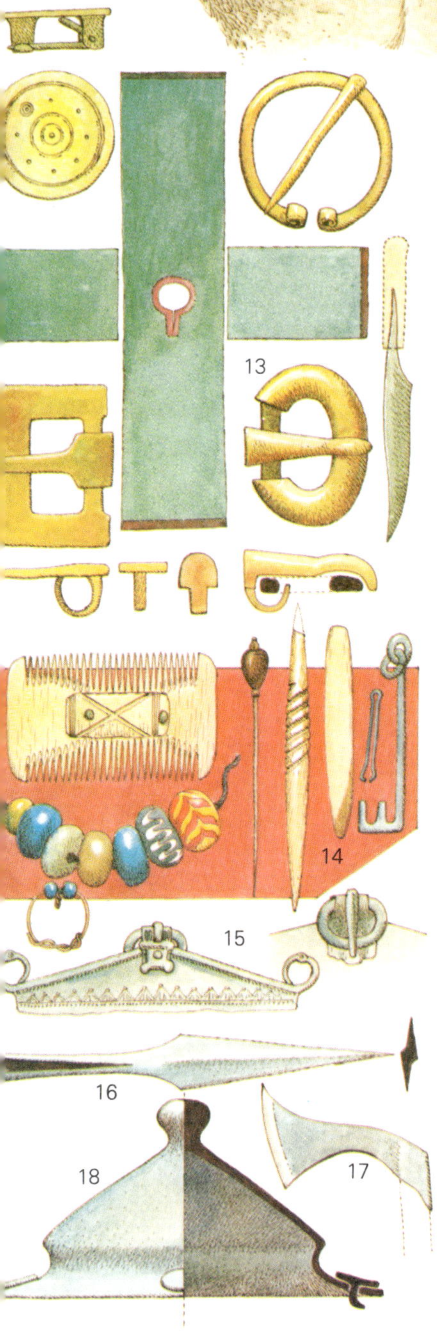

Des outils de ferme saxons
1 Charrue avec soc et coutre de fer.
2 Rabot de charpentier.
3 Différents types de lames de hache.
4 Plane de charron pour dégrossir la surface du bois.
5 Baquet.
6 Bêche et sabot de bêche en fer.
7 Tarière de charpentier.
8 Pioches et houes.

La vie domestique
9 Lames de patins à glace en os.
10 Hutte de bois.
11 Charpente d'une hutte de tisserand.
12 Poids en argile des fils de chaîne d'un métier à tisser vertical.
13 Patron d'une tunique d'homme. Autour, broches, boucles de ceintures et petit couteau.
14 Peigne en os, collier de perles en verre, bague, épingle à cheveux, deux instruments de toilette en os, pince à épiler et clé en fer.
15 Monture de sac en fer avec allume-feu.
16 Pointe de lance.
17 Tranchant d'une hache de guerre (le haut du manche est en pointillé).
18 Ombon, petit cône métallique situé au centre du bouclier.
19 Deux gobelets en verre.
20 Différents types de poterie saxonne.
21 Cachet en relief servant à décorer les pots en argile.

Les Saxons travaillaient aussi le fer et le plomb. Des villages de forgerons confectionnaient et réparaient les outils. Des artisans spécialisés forgeaient épées, lances, casques et boucliers. Les pièces réalisées par les orfèvres sont parmi les plus belles qui soient, telles celles retrouvées à Sutton-Hoo dans un bateau-sépulture (v. page 20).

## L'essor des arts et les lettres

Jusqu'aux premières invasions vikings, au début du IX<sup>e</sup> siècle, l'Angleterre connut un développement autonome. La vie économique évolua lentement et resta surtout rurale.

Le commerce se limitait à des articles de luxe venus de Gaule et des pays rhénans. Seuls les arts et les lettres se développèrent vigoureusement sous l'impulsion de l'Église et des monastères. Ceux-ci enrichirent les bibliothèques, fondèrent de nouvelles écoles, encouragèrent l'art de la miniature et de l'enluminure. Ils furent à l'origine de la renaissance intellectuelle du monde carolingien. Un essor brillant qui n'avait rien à envier à celui de Byzance ou des Arabes !

# Byzance : la nouvelle Rome

Justinien

Au début du IV^e siècle, l'Empire romain était en proie à l'anarchie. Quatre prétendants se disputaient le titre d'empereur. Après des années de troubles, l'un d'entre eux, Constantin, l'emporta en 324. Il décidait six ans plus tard de transférer la capitale de l'Empire de Rome à Byzance, l'antique cité grecque située sur les rives du Bosphore, qui prit le nom de Constantinople (la cité de Constantin), la moderne Istanbul d'aujourd'hui.

Elle devint la capitale de l'Empire romain d'Orient. Celui-ci sut résister aux poussées barbares et prit le nom d'Empire byzantin. Il dura plus d'un millénaire jusqu'à la fin du Moyen Age, et s'effondra en 1453 avec la chute de Constantinople livrée aux Turcs.

## La Nouvelle Rome

Avec près d'un million d'habitants à son apogée, Constantinople dépassa la Rome antique tant par sa richesse et son commerce que par la beauté de ses monuments. Des bains publics, un Sénat, des forums, des basiliques et des colonnes commémoratives imitées de Rome se succédaient le long des grandes artères. Des aqueducs assuraient le ravitaillement en eau de la population. Des égouts souterrains évacuaient les déchets rejetés par la cité. Une triple ligne de remparts (21 kilomètres de long), 50 portes fortifiées, des tours de guet et un fossé assuraient la sécurité de la cité du côté des terres. Une chaîne tendue en travers de la Corne d'Or la protégeait des attaques venues du large.

## L'architecture byzantine

Influencé par les styles grec et romain, l'Empire byzantin développa un art et une architecture religieuse originale qui servit de modèle dans d'autres

Scènes de la vie byzantine

1 L'empereur Justinien sur son trône en ivoire sculpté. A ses côtés, sa femme Théodora. Derrière eux, un garde royal.
2 Coiffure de jeune femme.
3 Courtisane.
4 Jeune homme de la cour. Sa toge était plus simple que celle des Romains.
5 L'archevêque Maximianus, de la cour de Justinien.
6 Uniforme de cavalier avec lance et bouclier rond.
7 L'empereur à cheval.
8 Fantassin en uniforme avec lance, arc, cotte de mailles et bouclier ovale.
Ces costumes figurent sur les mosaïques de Ravenne.

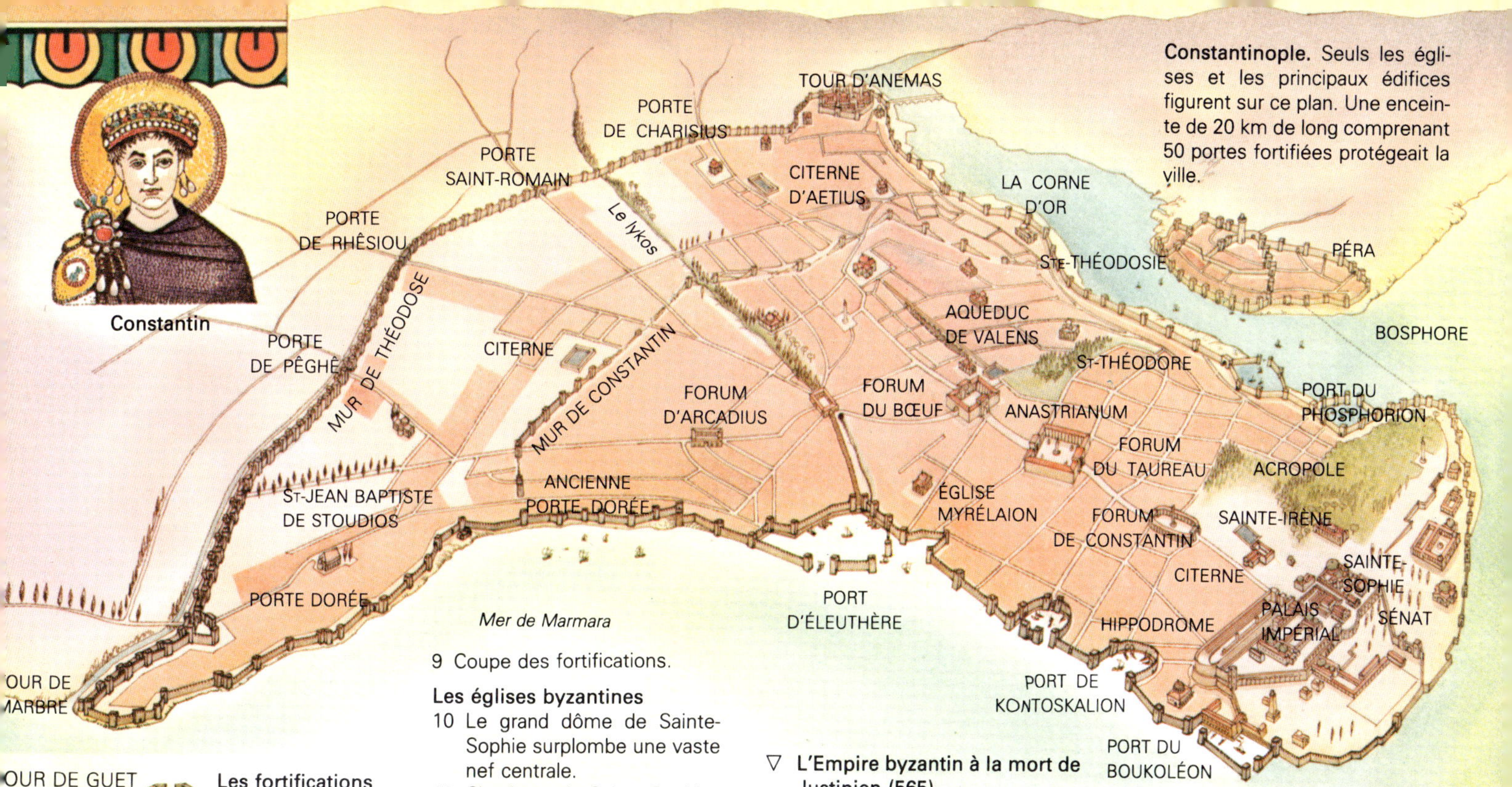


Constantin

**Constantinople.** Seuls les églises et les principaux édifices figurent sur ce plan. Une enceinte de 20 km de long comprenant 50 portes fortifiées protégeait la ville.

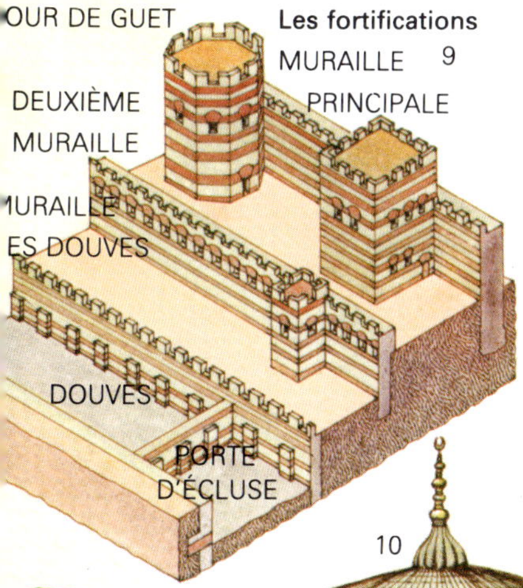


**Les fortifications** 9

9 Coupe des fortifications.

**Les églises byzantines**

10 Le grand dôme de Sainte-Sophie surplombe une vaste nef centrale.
11 Chapiteau de Sainte-Sophie.
12 Chrisme (monogramme du Christ), souvent représenté dans l'art byzantin.
13 Marbres sculptés (Sainte-Sophie).
14 Bases circulaires d'une coupole. Les voûtes et les coupoles étaient construites en briques.
15 Église Saint-Georges de Salonique.
16 Oratoire du Christ Latomas à Salonique. Les deux édifices révèlent les principaux caractères des églises byzantines.
17 Plan d'une église byzantine.

▽ **L'Empire byzantin à la mort de Justinien (565).**

10

11

12

▷ **Les mosaïques** recouvrent les murs intérieurs des églises et des bâtiments publics. Elles étaient constituées de milliers de petits cubes de marbre, de verre, de nacre et de pierres précieuses.

13

17

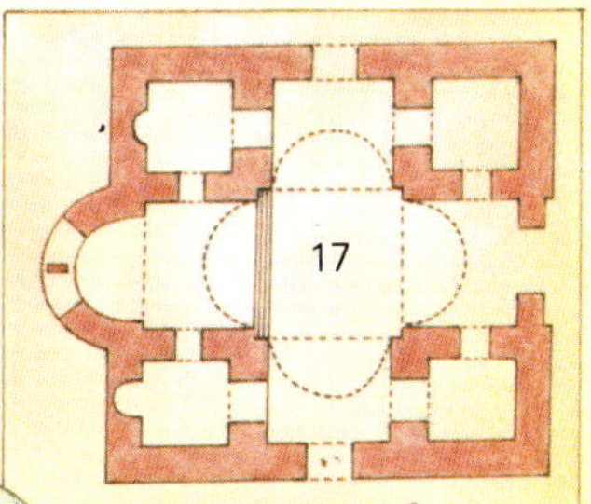

15

14

16

villes comme Ravenne et Venise en Italie, Kiev et Moscou en Russie. Les Byzantins ont été de grands constructeurs. Ils créèrent la basilique à coupole en forme de croix grecque, une croix à branches égales. L'exemple le plus parfait est celui de Sainte-Sophie, achevée en 537 à Constantinople sous le règne de Justinien. Avec sa vaste coupole large de 33 mètres et haute de 55, décorée de mosaïques, elle dépassait alors de très loin tous les autres sanctuaires de la Chrétienté.

## Une métropole commerciale

Avant-poste du christianisme en Orient, Constantinople était également une importante cité commerciale au Haut Moyen Age. Routes commerciales terrestres et maritimes convergeaient vers la cité et ses entrepôts. Celle-ci bénéficiait d'une situation géographique exceptionnelle. Elle entretenait des relations étroites à la fois avec l'Inde, la Chine, la Perse, les pays nordiques, le monde musulman et l'Europe.

Les Byzantins transportaient eux-mêmes une grande partie des marchandises importées et exportées. De nombreux navires comme celui représenté à droite assuraient le transport des marchandises de port en port.

Exportations, importations et circulation des marchandises étaient taxées 10 pour 100 par l'État. D'autres taxes frappaient les artisans et commerçants assujettis à l'État par le biais de corporations. Ces dernières réglementaient les prix, fixaient les normes de fabrication et fournissaient les matériaux. La renommée des produits byzantins était telle que les commerçants du monde entier affluaient sur place pour les acheter et échanger leurs produits. Juifs et musulmans, Russes et Italiens, Espagnols et Égyptiens, fréquentaient sans cesse les marchés byzantins.

Du VIIe au XIe siècle, le commerce et les activités urbaines occupaient dans l'Empire byzantin une place plus importante que dans l'Occident à la même époque, mais moindre que dans le monde musulman plus fortement urbanisé. La terre restait cependant la principale richesse, les trois quarts de la production étant d'origine agricole.

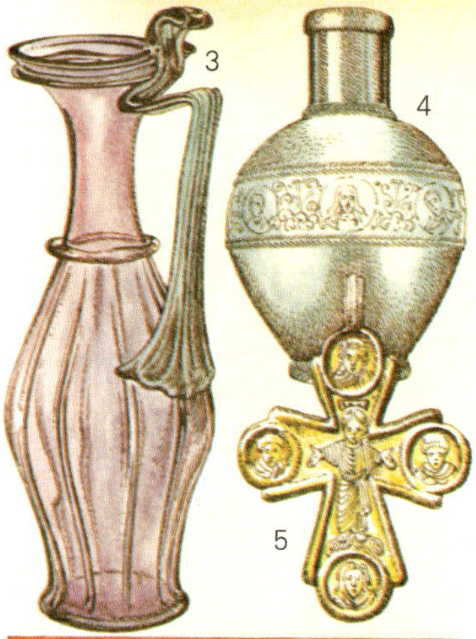


**La vie de la cité**
1 Ateliers d'artisans et scènes de la rue.
2 Femmes faisant leurs achats.
3 Carafe en verre.
4 Vase liturgique en argent.
5 Crucifix en or.

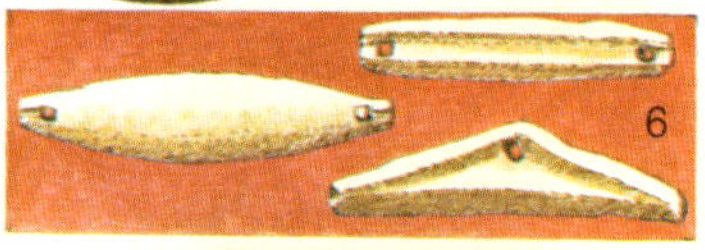


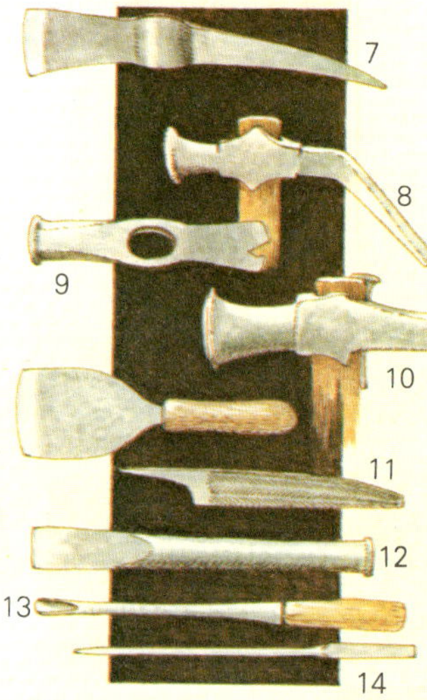

**L'armement d'un navire**
Tous ces objets ont été retrouvés dans l'épave du navire du VIIe siècle représenté ci-dessous. Il atteignait 55 m de long à la ligne de flottaison et transportait plus de 900 amphores lorsqu'il sombra au large des côtes turques.
6 Poids de filet de pêche.
7 Pioche.
8 Herminette.
9 Marteau à pied de biche.
10 Marteau de forgeron.
11 Lime.
12 Burin.
13 Gouge.
14 Vilebrequin.
15 Balance en bronze avec ses poids. Le contrepoids, au milieu, représente la déesse Athéna.
16 Une des 24 lampes à huile en argile retrouvées dans la cuisine.
17 Mortier et pilon en pierre.
18 Tasse à anse.
19 Chaudron en cuivre.
20 Bol en faïence vernissée.
21 Cruche imperméabilisée à la résine.
22 Assiette en terre cuite.
23 Amphore.

**Une population mélangée**
Marchands italiens, russes, grecs, bulgares, arméniens et khazars se pressaient dans les rues des cités byzantines. Constantinople fut même assaillie par les Vikings au IX^e^ siècle.

**Un navire marchand**
24 Mosaïque de Ravenne représentant des navires byzantins.
25 Reconstitution d'un navire marchand byzantin.
26 Coupe du navire.

24

25

26
Plans d'un navire marchand byzantin.

# Les Arabes en Europe

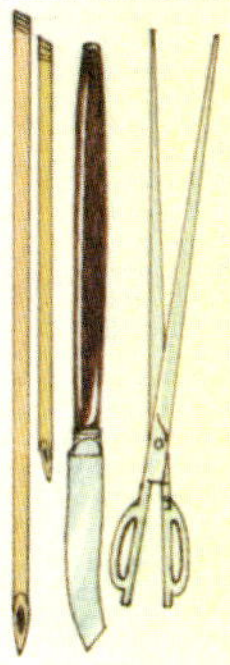

La religion islamique est fondée sur les enseignements du prophète Mahomet (570-632). Celui qui y adhère est un musulman.

**Des conquêtes foudroyantes...**

Tandis que les Saxons s'installaient en Angleterre et que Byzance était à son apogée, Mahomet gagnait l'ensemble des tribus de la péninsule Arabique à la cause de l'islam. A sa mort, ses disciples poursuivirent sa tâche et fondèrent un véritable empire (v. carte ci-dessous). En 715, l'islam s'étendait de l'Indus (Pakistan moderne) à l'Espagne.

Certaines populations, alors opprimées, des régions conquises avaient accueilli les envahisseurs arabes comme des armées de libération. Ce qui explique en partie la rapidité foudroyante des conquêtes arabes au Proche-Orient et en Afrique du Nord.

Après avoir conquis la majeure partie de l'Espagne en 714, les Arabes se tournèrent vers la France. Ils franchirent les Pyrénées et firent de nombreuses incursions. Mais l'invasion musulmane fut arrêtée par Charles Martel à Poitiers en 732.

**... dans les arts et les sciences**

La conquête achevée, vint le temps de sa consolidation. Durant cette période, les Arabes élaborèrent

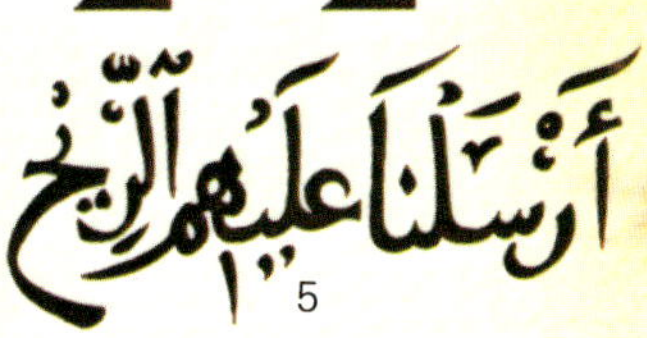

**L'écriture arabe**

1 Écriture mashq, l'une des premières écritures arabes (700-750).
2 Instruments pour écrire. Les ciseaux (à droite) servaient à couper les rouleaux de papyrus.
3 Bibliothèque arabe.
4 Écriture kûfique.
5 L'écriture nashki succéda à la kûfique au x$^{e}$ siècle.
6 Lettré dictant une lettre à un scribe.

**Le bateau arabe**

7 Type de navire utilisé par les commerçants arabes en Méditerranée. La voile triangulaire prit curieusement le nom de *voile latine*.

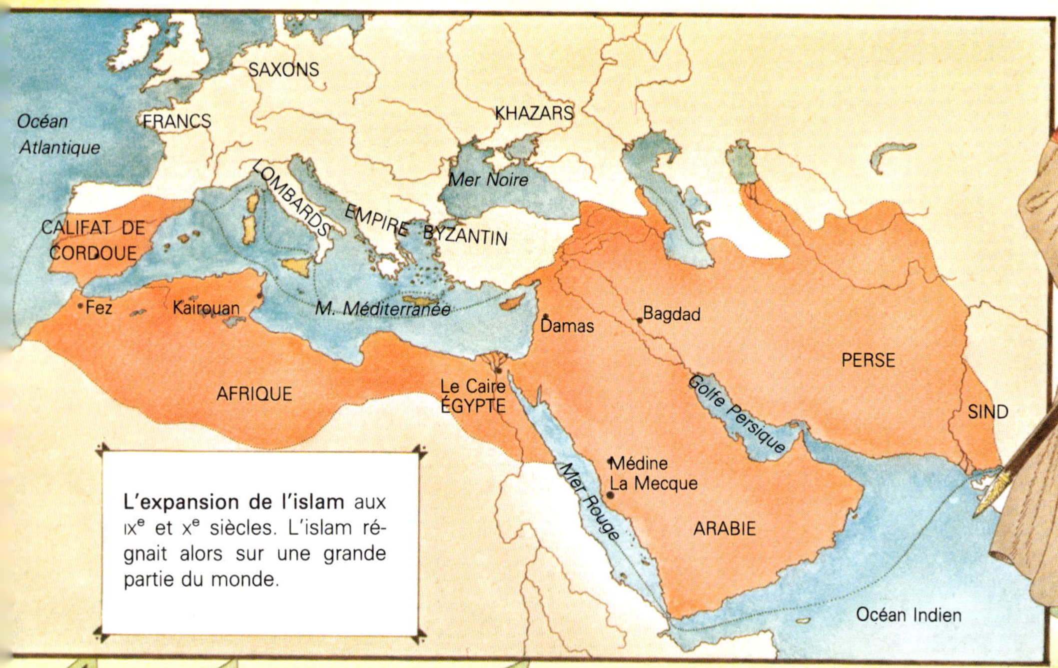


**L'expansion de l'islam** aux IX$^{e}$ et X$^{e}$ siècles. L'islam régnait alors sur une grande partie du monde.

**Les Arabes et la science**

8 Apothicaire dans sa boutique. La science arabe se fondait sur celle des Grecs, des Perses et des Indiens. L'Europe bénéficia à son tour de toutes ses connaissances par le biais de l'Espagne et de la Sicile.

9 Astrolabe du XIII^e siècle (Cordoue). Il servait à déterminer la hauteur des astres au-dessus de l'horizon et, par là, indiquait la route à suivre aux navigateurs.

▽ **Tente nomade.** La population arabe était formée de tribus bédouines. Leur nomadisme s'adaptait bien au climat désertique. Au-dessous, un calife consulte un vizir local. Derrière lui, ses soldats et ses porte-enseignes. Il existe très peu de représentations du costume arabe de cette époque.

8

9

un art de vivre alors inégalé en Europe. Les trésors qu'ils nous ont laissés sont à ce sujet éloquents. Leurs céramiques étaient d'une très grande finesse. Ils employaient en effet des techniques inconnues en Occident, comme la peinture sous vernis et l'engobe, un enduit terreux que l'on applique sur la céramique pour en masquer la couleur naturelle.

Les splendides créations des artistes musulmans allaient grandement influencer les arts européens. Ainsi l'arabesque, un motif décoratif inspiré de formes végétales, que l'on retrouve sous des aspects divers sur les bâtiments, la poterie, les tapis ou les manuscrits. C'est également à cette époque que les savants arabes reprirent l'héritage des Grecs et firent progresser les mathématiques, la médecine et l'astronomie. Leurs découvertes, transmises par le biais de l'Espagne et de la Sicile, furent fort utiles au reste de l'Europe.

▷ **Les mosquées**

10 Minaret de la Grande Mosquée de Kairouan, en Tunisie. La partie inférieure appartenait à une mosquée plus ancienne (724). La partie supérieure date de 836.

11 Minaret hélicoïdal de la Grande Mosquée de Samara, en Irak (état en 848). Cette mosquée, la plus grande du monde islamique, était alors un des fleurons de l'architecture arabe.

10

11

12 Plan au sol de la Grande Mosquée de Samara.

12

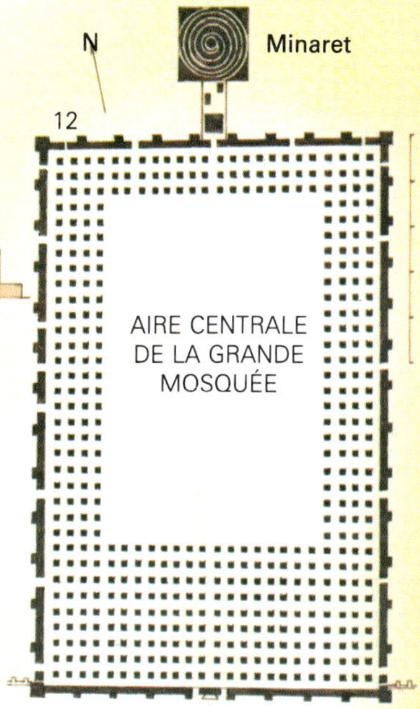


13

13 Une petite mosquée.

**Quelques décorations**

14 Carreaux de faïence ornés de dessins (mosquée de Kairouan).

15 Lambris de plafond.

16 Pièce de stuc moulée de la mosquée de Samara.

17 Coupe lustrée or et brun (Samara, IX^e s.). La poterie vernissée nous vient des Arabes. Des artisans transmirent leurs techniques à des marchands qui les firent connaître en Occident.

14

16

15

17

## La plus grande cité d'Occident

Avant de devenir le centre de l'influence musulmane en Espagne, Cordoue était déjà une ville importante. Sous les Arabes, elle connut un éclat incomparable : savants et lettrés de tout le monde islamique y affluèrent. Ses 70 bibliothèques, ses librairies et son université étaient fort réputées.

A son apogée, au x^e siècle, elle comptait 500 000 habitants, 113 000 maisons, 700 mosquées et 300 bains publics. En Europe, aucune ville ne dépassait alors les 10 000 habitants. A côté, Paris, Londres, Rome ou Aix-la-Chapelle faisaient figure de gros bourgs !

## Maisons, mobilier et mets

Les maisons de Cordoue ressemblaient à celles des Arabes d'Afrique du Nord et du Proche-Orient. Construites en brique crue séchée au soleil, les plus simples ne comportaient qu'un rez-de-chaussée. D'autres, plus vastes, appartenant à des marchands fortunés ou à des personnages officiels, avaient souvent deux étages, des jardins et leur propre réservoir d'eau, intégré à l'intérieur de hauts murs. Les façades extérieures étaient quelconques. Quelques fenêtres et balcons couverts d'un treillage en bois surplombaient la rue. A l'intérieur, cependant, des pièces confortables et fraîches donnaient sur une cour centrale, souvent agrémentée d'une fontaine. Le mobilier ne posait pas de problème : on s'asseyait sur des tapis et des coussins, ou alors dehors, dans le jardin. Pendant les repas, on présentait tous les plats en même temps et chacun se servait comme il l'entendait. En Espagne, l'interdiction faite par le Coran de boire du vin était allègrement outrepassée !

## La fin de la domination arabe

A partir de 1014, des rébellions et une guerre civile embrasent l'Espagne musulmane. Après la chute du Califat de Cordoue en 1031, une série de petits royaumes s'érigent, qui se combattent sans cesse. Ce dont profitent les États chrétiens établis au Nord de l'Espagne. La Reconquête prend fin en 1492 (date de la découverte de l'Amérique par Christophe Colomb) avec la chute de Grenade, dernier bastion musulman en Europe.

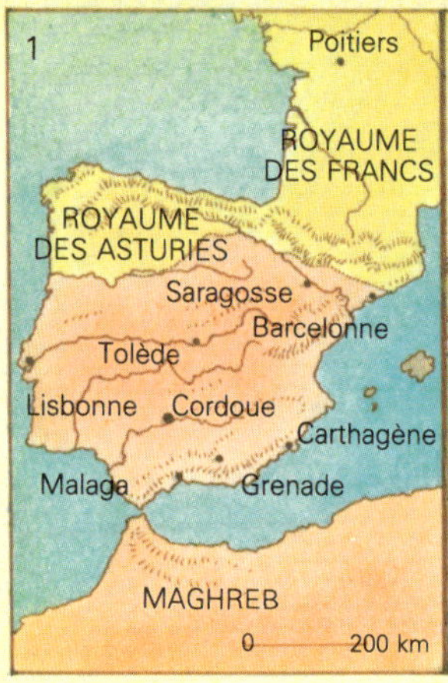


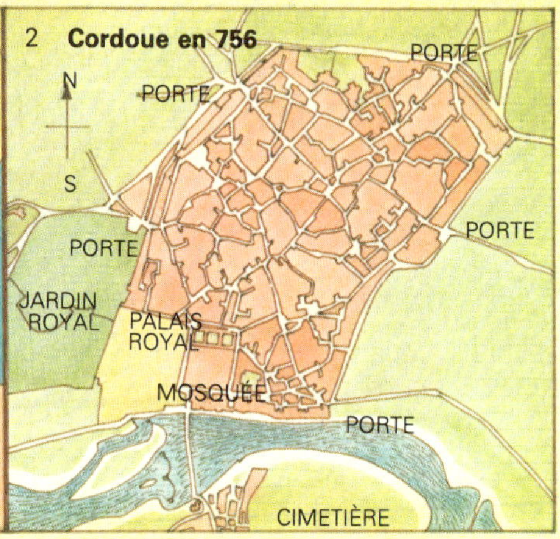

PIÈCE DE MONNAIE ARABE

**L'influence arabe**

1 L'Espagne musulmane à son apogée, vers 714.
2 Plan de la Cordoue arabe. Nombreuses étaient alors les rues pavées et éclairées, ce que l'on ignorait totalement dans le reste de l'Europe.
3 Instruments de chirurgie. La science médicale des Arabes surclassait celle des Européens de l'époque. Abulcasis, un médecin de Cordoue, était une sommité de l'Europe médiévale.
4 Les chiffres arabes remplacèrent les vieux chiffres romains. Ci-dessous :
A Arabe.
B Espagnol.
C Italien.

**Des styles différents**

5 Peinture murale du Caire. Cette technique picturale et ce type de costume furent introduits en Italie par les conquérants arabes. Ceux-ci aimaient les objets de luxe et étaient des artisans très habiles.
6 Olifan en ivoire, ou corne à boire (Italie du Sud).
7 Jarre en terre cuite décorée (Égypte).
8 Boîte en ivoire (Sicile musulmane).

3
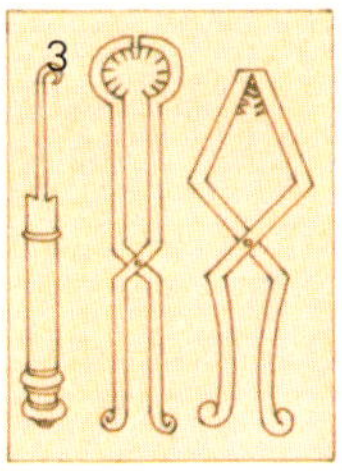

4
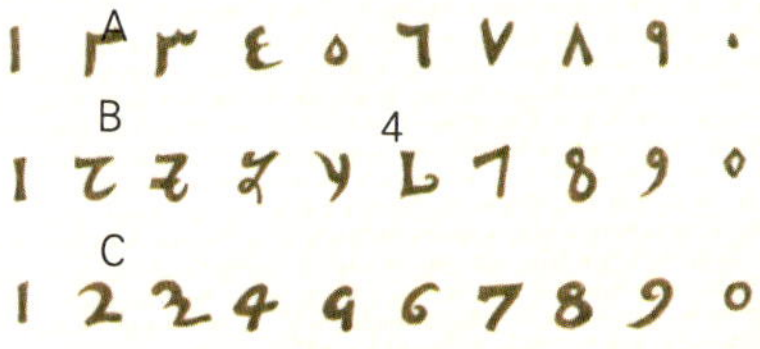


6
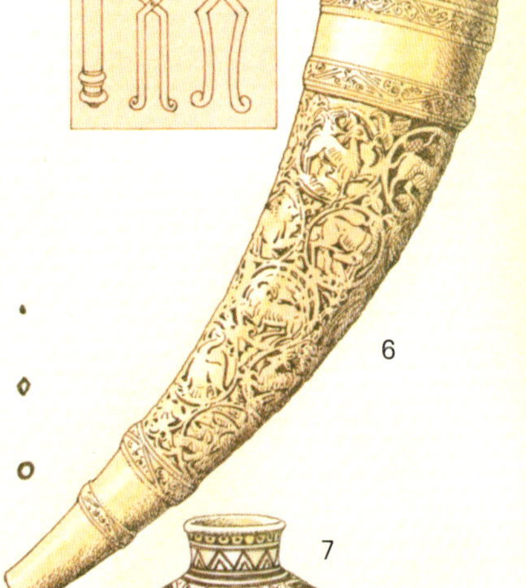

7

5

8

9

10

11

12

13

◁ **La Grande Mosquée de Cordoue (VIIIᵉ s.).** Un très bel exemple d'architecture musulmane.

9 La coupole centrale.
10 Détail de la façade, au-dessus de l'entrée principale. Notez la légèreté des arcs superposés et polylobés.
11 Inscription kûfique sur un mur intérieur de la mosquée.
12 L'entrée principale.
13 Treillage en marbre d'une fenêtre de la mosquée.

**Une maison arabe**

14 Reconstitution d'une maison cordouane (Xᵉ s.). Elle devait appartenir à un marchand. Les pièces s'ouvraient sur une cour centrale pavée, dotée d'un puits et d'une fontaine. Au-dessus courait une galerie couverte.
15 Puits en marbre (Tolède, XIᵉ s.).
16 Serrure en bois. Cette sorte de loquet était actionnée à l'aide d'une clé plate en bois.
17 Trois types de lampes à huile en terre cuite (Palerme, Italie).

14

15

16

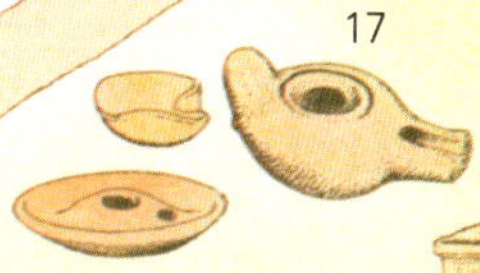
17

18

19

20

21

22

**La vie de famille**

18 Luth. Cet instrument de musique, très répandu chez les Arabes, fut introduit dans les pays conquis.
19 Les Arabes mirent également à la mode en Europe, le tambourin.
20 Reconstitution d'une tranche de vie dans une riche maison arabe (Xᵉ s.). Des musiciens divertissent des membres de la famille et leurs amis. Un domestique apporte des rafraîchissements. La fauconnerie était pratiquée par les membres des familles aisées.
21 Coffret en ivoire de style arabo-espagnol, représentant une scène de chasse (Cordoue, 960-70).
22 Fours à pain.

# Les Vikings

D'origine germanique, les Vikings s'apparentent aux Anglo-Saxons et aux autres peuples installés sur les rives de la mer du Nord et de la Baltique (v. carte, p. 35). En vieux scandinave, *vik* signifie crique, ou baie. Telle serait l'origine du mot Viking : des hommes des criques et des baies. Du VIIIe au XIe siècle, ces hommes du Nord, ces Normands, ont fait trembler de terreur le monde occidental grâce à une parfaite maîtrise des mers. Ils furent présents aussi bien à Novgorod qu'à Byzance ou Bagdad ! En effet, les Vikings étaient passés maîtres dans l'art de la navigation. Ils influençèrent profondément toutes les techniques navales du Moyen Age.

### Des navigateurs et colonisateurs hardis

Vers l'an 800, à la recherche de nouvelles terres, les peuples scandinaves se tournèrent vers la mer, poussés à la fois par des querelles intestines et le goût de l'aventure. Ils abordèrent ainsi des contrées ignorées des Européens, notamment l'Amérique, cinq siècles avant Christophe Colomb ! Les Vikings d'origine danoise attaquèrent presque uniquement l'Angleterre et la moitié septentrionale de l'empire carolingien. Les Vikings venus de Suède se dirigèrent vers l'est, remontèrent les grands fleuves de la plaine russe, et atteignirent Constantinople. Ils tentèrent, en vain, de prendre la ville d'assaut en 860 et 941.

### Les Vikings, techniciens de la mer

Seule une amélioration des techniques navales rendit de tels exploits possibles. Au temps des Grandes Invasions, les navires ne se manœuvraient qu'à l'aviron et leur stabilité en haute mer laissait à désirer.

Les navires des Vikings, qu'ils appelaient à juste titre « coursiers des mers », pouvaient être manœuvrés avec une grande souplesse grâce à une technique originale de construction de la coque, inconnue des Romains et des Grecs. La légèreté du drakkar était obtenue par l'emploi de planches de chêne très minces, appliquées les unes sur les autres et formant une coque souple et résistante selon le procédé du bordage à clins (v. page 33). De telles caractéristiques facilitaient la manœuvre aussi bien à la rame qu'à la voile. La proue et la poupe étaient sculptées

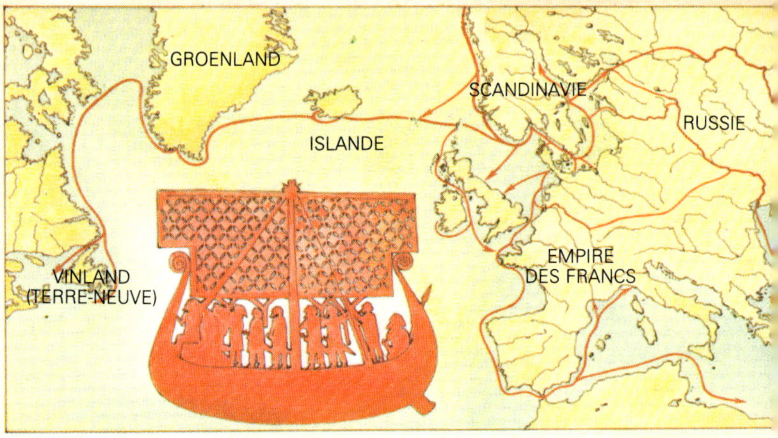


△Les principales voies d'invasion empruntées par les Vikings vers l'an 1000. En encart, représentation d'un navire viking gravé sur une pierre tombale (Suède).

**La construction du drakkar** était confiée à des artisans du bois. Ci-dessous, quelques-uns des outils utilisés. 1 Cisailles. 2 Tenailles. 3 Scie. 4 Lime. 5 Scie à métaux. 6 Alènes. 7 Tarières.

Ci-dessous : le navire d'Oseberg (découvert en Norvège en 1904) reconstitué d'après les vestiges mis au jour. Le bateau, qui servait de tombe à une reine viking (IXe siècle), était construit entièrement en chêne. Longueur : 21,50 m. Largeur de la coque : 5,25 m. En bas : Bois sculpté de l'étrave (détail).

Le navire d'Oseberg

**Reconstitution du navire de Gokstad.** Ce drakkar fut construit un demi-siècle après celui d'Oseberg. Bien que plus petit (24 m de long) que les navires de guerre utilisés par les Vikings lors de leurs raids en Europe occidentale, il était néanmoins plus grand et beaucoup plus robuste que le drakkar d'Oseberg. La quille en chêne était d'une seule pièce (23 m). Seize planches en chêne formaient chacun des flancs (ou bordés) du navire, se chevauchant l'une l'autre de façon à réaliser une bonne étanchéité, selon la technique du bordage à clins.

8 Coupe de profil.
9 Pont du navire
10 Coupe de face
11 Ancre
12-13 Taquets de gréement pour les cordages.
14 Pièce de bois formant un couvercle pour les sabords des rames. Elle évitait au bateau de prendre l'eau lorsque les rames étaient retirées.
15 Le navire comprenait seize paires de rames de 5,55 m de long.
16 Le gouvernail (3,27 m de long) était fixé à l'arrière du drakkar, sur la dernière membrure (v. fig. 8) de la coque.
17 Rivet. Il servait à assembler les planches de la quille.
18 Girouette. Elle était située au sommet du mât.
19 Cadran de position reconstitué d'après des débris retrouvés au Groenland.

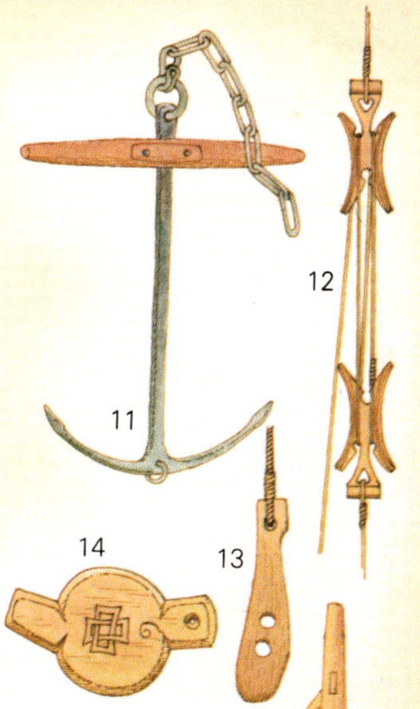


Le navire de Gokstad.

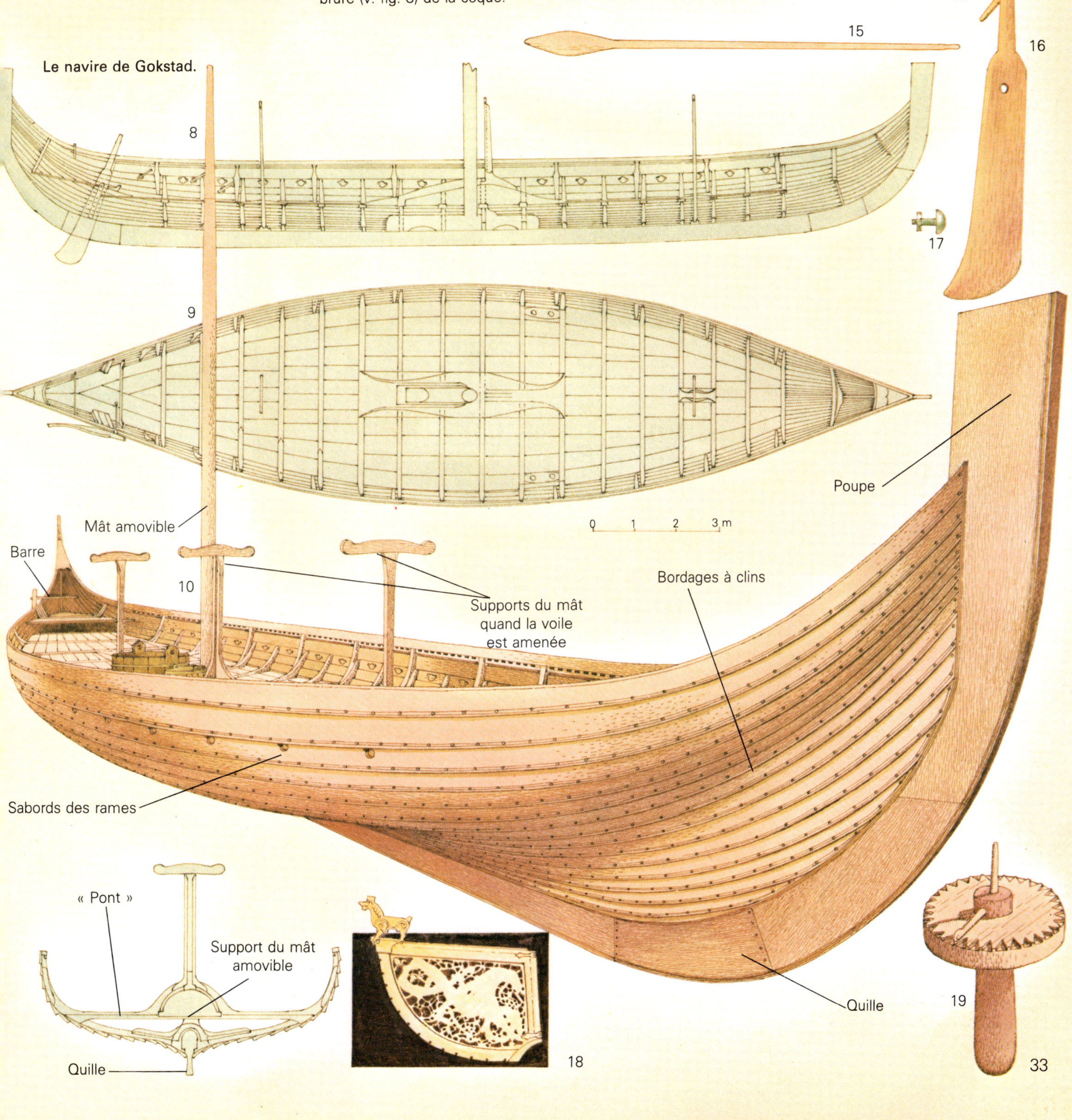

en forme de serpent ou de tête de dragon. Le navire possédait une grande voile carrée qui pouvait être orientée selon le vent, et amenée (abaissée). Le mât, retiré, était déposé horizontalement sur des supports de bois.
En outre, les Vikings avaient élaboré une science remarquable de la navigation et de l'orientation astronomique, dont nous ne savons rien. Sinon, qu'au XIe siècle, elle leur permettait de traverser l'Atlantique Nord avec une sécurité acceptable !

**Des guerriers raffinés**
Ces Vikings qui déferlèrent sur l'Occident et le pillèrent, appartenaient à un peuple de paysans, de forgerons, de sculpteurs sur bois et de marchands autant que de guerriers.
Leurs techniques artisanales avaient connu un développement remarquable. C'est qu'ils étaient les héritiers d'une culture déjà millénaire, de traditions héroïques et religieuses transmises oralement sous forme de sagas ou récits. Au IIIe siècle, ils possédaient leur propre alphabet, ou « runes », qui comportait primitivement 24 lettres. L'alphabet runique ressemblait à celui des Étrusques et des Grecs primitifs.
Les guerriers Vikings enterraient leurs chefs dans des navires somptueusement décorés, cachés sous un tertre de terre amoncelée. Comme les anciens Grecs et les Romains, ils adoraient de nombreuses divinités. Chacune d'elles représentait un aspect de la vie. La plus importante était Odin qui symbolisait la Sagesse et la Guerre. Thor, dont le symbole était le marteau, protégeait les paysans.

Maisons vikings
La plupart des maisons, rectangulaires, étaient construites en bois.
1 Reconstitution d'une ferme islandaise (Stöng, Xe s.). A Hall d'entrée. B Garde-manger. C Grande salle. D Pièce plus petite. E Laiterie. Les murs en tourbe reposaient sur un soubassement en pierre.
2 Les maisons étaient bâties autour d'une cour (Norvège).
3 Intérieur d'une maison viking du Sud du Danemark (reconstitution).
4 Pots à cuisine suédois.
5-6-7 Ustensiles de cuisine.
8 Chaudron en fer.
9 Bol en stéatite (craie de Briançon).
10 Broche en fer pour rôtir la viande.
11 Bracelet en argent.
12 Épingle à cheveux en os décoré.
13 Broche en bronze.

Le tissage
14 Métier à tisser viking. Ce modèle vertical était encore en usage au XIXe siècle en Islande. Comme ceux des Celtes et des Saxons, les fils de la chaîne (verticale) étaient tendus par des poids. Tissant du haut vers le bas, la femme passait les fils de la trame horizontalement.
15 Filage de la laine.

**Divers objets domestiques**

16 Pièce d'argent frappée au Danemark (début du IXe s.).
17 Balance à fléau et poids sculptés.
18 Pierre runique (Suède).
19 Pantalon en laine.
20 Capuche en laine du Groenland.
21 Extrémité décorée de ceinture en cuir.
22 Plioir à lignes de pêche.
23 Chaussure en cuir.
24 Broche servant à fermer une houppelande d'homme.
25 Casque de guerrier viking retrouvé dans une tombe en Suède.
26 Guerrier viking en cotte de mailles, muni de son bouclier, de son épée et de sa hache de guerre.
27 Outils agricoles. A Faux et lames de faucille. B Soc de charrue. C Crampon à glace pour les chevaux.
28 Pendentif en argent ayant la forme du marteau de Thor. C'était aussi le symbole du forgeron viking.

29 Tranchants de haches de guerre.
30 Poignées d'épée et pommeaux.
31 Pointes de lances (Suède).
32 Épée viking.
33 Forgeron.
34 Alphabet runique.
35 Inscriptions runiques gravées sur pierre (10 cm), relatant le débarquement des Vikings dans une île au large du Groenland.

△ **La Scandinavie sous la domination viking**
Rouge : Norvégiens. Vert : Suédois. Jaune : Danois. Les limites territoriales entre les trois peuples étaient mal définies. Chacun avait occupé les terres les plus fertiles et les plus accessibles. Les frontières de la Norvège, de la Suède et du Danemark actuels sont en pointillé.

## L'agriculture

Guerriers et navigateurs, les Vikings furent aussi des fermiers prospères. La plupart vivaient, semble-t-il, dans des fermes isolées, comme ce fut le cas en Islande et au Groenland. On récoltait l'orge et l'avoine. On élevait du bétail, des chevaux, des moutons et des chèvres qui fournissaient la viande, le lait, les moyens de transport et les peaux nécessaires. Les animaux restaient à la ferme en hiver et pâturaient l'été. La pêche constituait une autre source importante de nourriture.

## La Normandie : une création viking

L'installation des Vikings en Normandie (en 911) marqua de façon durable l'Occident. En moins d'un siècle, ceux-ci érigèrent cette province en un État puissant. Devenus chrétiens, ils adoptèrent la langue et les mœurs des Francs. Ils protégèrent les abbayes et accueillirent à leur cour des érudits venus d'Italie. Cependant, les Normands n'avaient pas perdu le goût de l'aventure : en 1066, Guillaume le Conquérant se rendait maître de l'Angleterre.

# Chevaliers et châteaux forts

△ Ancien penny en argent, demi-penny et quart. En haut à gauche : sceau de Henri II Plantagenêt.

**Un chevalier**
1 Heaume.
2 Lances.
3 Mors de cheval.
4 Hache de guerre.
5 Cotte de mailles (détail).
6 Chaque anneau de fer (maille) était riveté séparément.
7 Pointes de flèches.
8 Épée de chevalier.
9 Poignard avec sa gaine en cuir.
10 Pierre à aiguiser les lames.
11 Bouclier en amande.
12 Chevalier enfilant sa cotte de mailles.
13 Étrier.
14 Éperon.
15 Fer à cheval.
16 Arbalète. La corde était tendue sur une noix à encoche actionnée par une gâchette (A).
17 Le trébuchet à contrepoids était une arme de jet employée pour abattre les murailles des châteaux assiégés.
18 Exemple de premier fort, ou « motte féodale ».
19 Château d'Orford (reconstitution).

Dès les premiers siècles du Moyen Age, les populations durent se protéger contre les invasions. Pour lutter contre l'insécurité régnant dans les villages et les campagnes, face aux Arabes, aux Hongrois et aux Vikings, elles se placèrent sous la protection de guerriers. On construisit des fortifications en terre et en bois, puis en pierre. A partir du x$^{e}$ siècle jusqu'à la fin du Moyen Age, les techniques de construction des places fortes se perfectionnèrent et donnèrent naissance aux puissants châteaux forts.

Le château du seigneur devint la résidence fortifiée des temps féodaux, d'où le châtelain dominait la campagne environnante. Les paysans venaient s'y réfugier en cas de danger.

Les tours constituaient la pièce maîtresse du système de défense. Les Normands bâtirent des châteaux forts flanqués de puissantes tours carrées, qu'ils remplacèrent ensuite par des châteaux munis de donjons circulaires, d'une forme plus résistante.

## La vie au château

Au XII$^{e}$ siècle, une vaste et unique salle constituait le cœur de l'habitation. Elle était sommairement meublée de « tables », de coffres et d'un lit. Tout le monde y vivait et y dormait : seigneur, écuyers, hommes d'armes, gens d'écurie, intendants, etc.

Au XIII$^{e}$ siècle, le château commencera à se diviser en pièces plus petites. Le seigneur et sa femme occuperont alors une pièce réservée où ils pourront dormir.

Château fort primitif

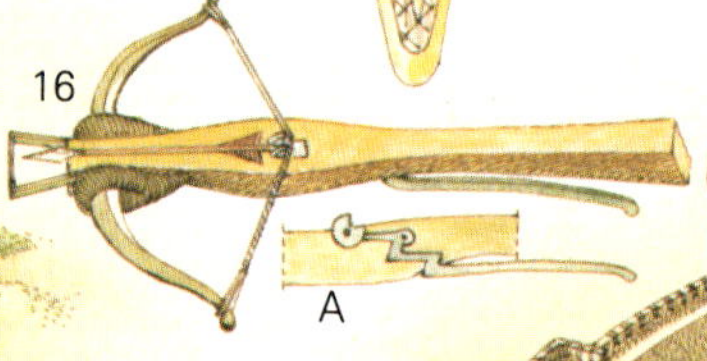


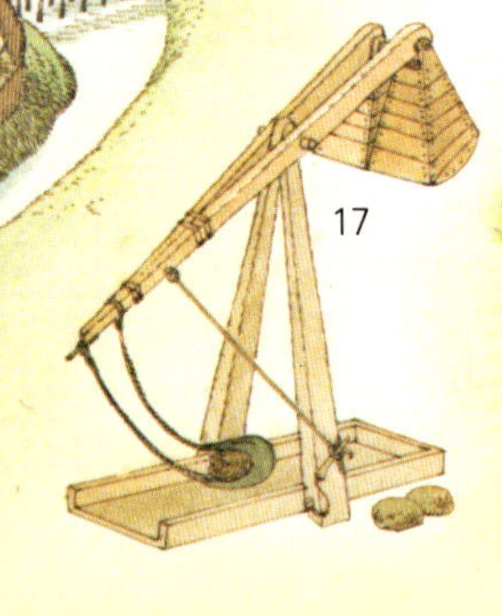


Château d'Orford

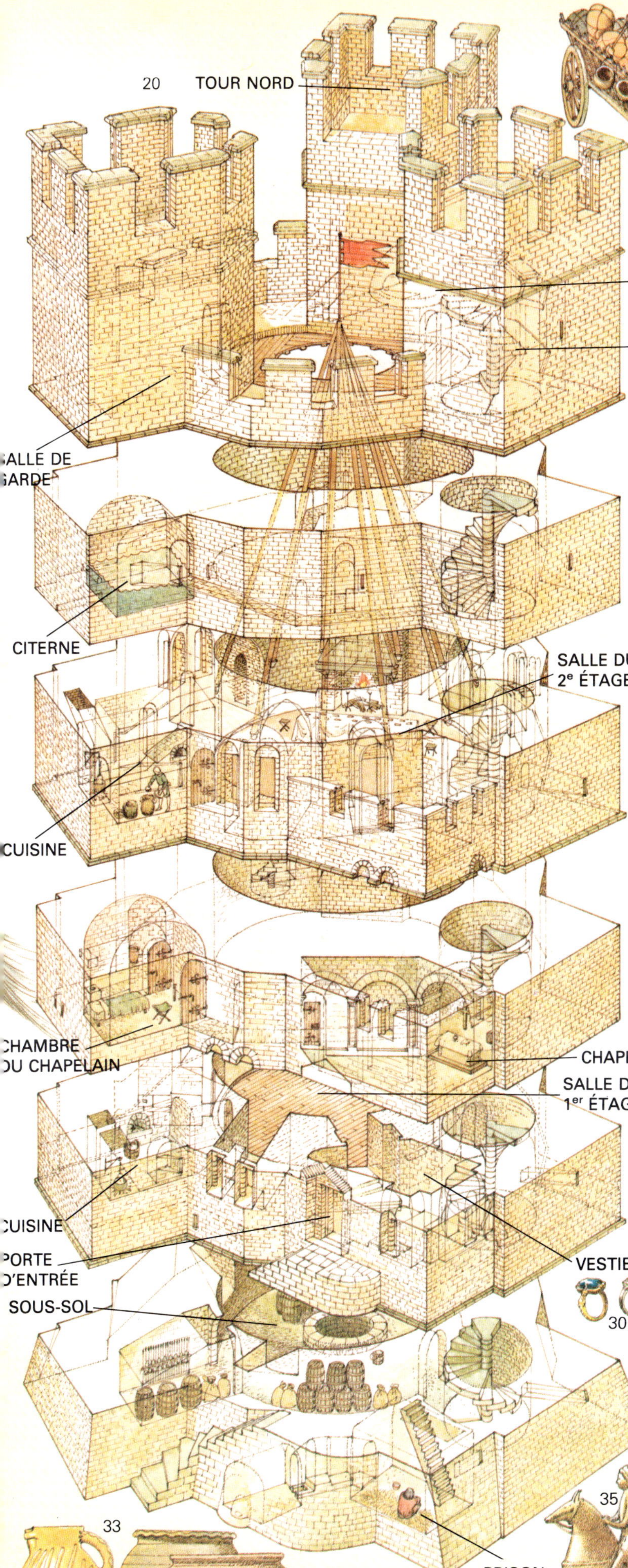


30

21

22
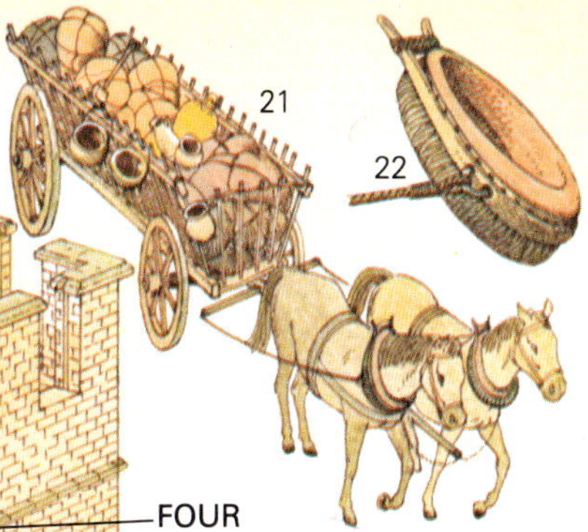

23

24

25
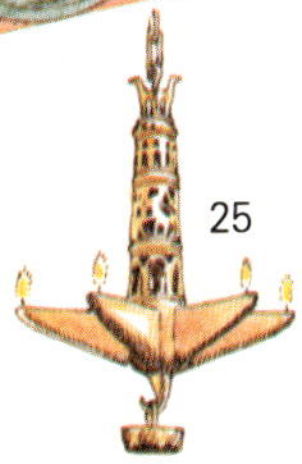

26

27

28
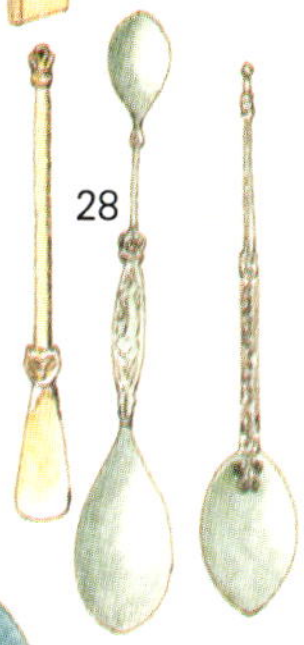

29

31

32

33

34
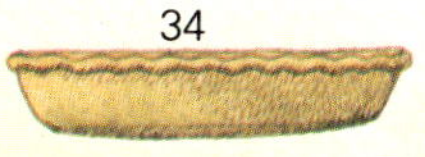

35

**Le seigneur et sa femme au château**

20 Éclaté d'un donjon et de ses quartiers d'habitation.

21 Chariot à quatre roues. La traction s'effectue à l'aide de deux chevaux, attelés de front par un collier d'épaule.

22 Collier d'épaule. La bête peut ainsi tirer des charges plus lourdes sans s'étrangler.

23 Lit à baldaquin. Des rideaux préservaient la chaleur et protégeaient l'intimité du seigneur.

24 Porte-plume en métal et plumier en ivoire.

25 Lampe à huile suspendue (chapelle). On utilisait ailleurs des lampes à huile plus simples, ou des chandeliers.

26 Armoire en bois. Elle abritait les biens de valeurs. Certaines étaient encastrées dans les murs.

27 Coffret en ivoire serti d'argent.

28 Cuillers en os et argent. On apportait à table son couteau et sa cuiller dans un petit sac accroché à la ceinture.

29 Tête de robinet sculptée.

30 Bagues serties de pierres précieuses.

31 Musiciens représentés sur un manuscrit : A jouant de la harpe, B des grelots, C de la vielle.

32 Un riche seigneur en famille.

33 Pots de cuisine en terre cuite.

34 Plat en terre cuite.

35 Aquamanile en bronze. On l'utilisait pour se laver les mains avant les repas.

## Le système féodal

La société féodale était fondée sur une stricte hiérarchie. Le *fief* constituait la base économique du système. En simplifiant, voici comment celui-ci fonctionnait : un seigneur recevait du roi, ou d'un autre seigneur, un village à titre de concession en échange de certains services. Il pouvait posséder plusieurs fiefs. Une partie des terres du village lui était réservée et formait son domaine.

Le reste était partagé entre des paysans libres (vilains) et des paysans non libres (serfs). Ces derniers étaient attachés au fief qu'ils ne pouvaient quitter.

Les paysans devaient payer au seigneur des redevances de toute sorte qu'on appelait droits seigneuriaux. Ils étaient également astreints à des corvées sur les terres seigneuriales et devaient entretenir les fossés et les murailles du château.

Le château fort animait toute la vie du fief et drainait une importante quantité de la production : nourriture, bois de construction, pierres, lin, laine, cuir, etc., pour assurer les réserves nécessaires à sa subsistance. C'est à partir du château que s'exerçait le pouvoir du seigneur et que celui-ci rendait la justice.

## Dans les campagnes

Vers 1200, plusieurs manoirs en pierre furent édifiés dans les campagnes, au sein de grandes fermes fortifiées. Quelques-uns d'entre eux ont survécu, tel celui de Boothby Pagnell (Grande-Bretagne) reconstitué ci-contre. Les caves et les entrepôts étaient situés au rez-de-chaussée. La salle principale, située au premier étage, était occupée par le régisseur, représentant sur place du seigneur. Lorsque celui-ci, ou son intendant, venait rendre justice ou vérifier les comptes, le régisseur logeait dans les bâtiments adjacents.

Les maisons des paysans étaient misérables. Généralement petites, elles ne comportaient qu'une seule pièce. Elles étaient alignées le long de la rue du village, chacune entourée d'un minuscule lopin de terre. Le serf pouvait le cultiver comme il l'entendait. Il y faisait pousser des fruits et des légumes, pour lui et sa famille. Le reste des terres dont il avait la charge était dispersé au sein de la seigneurie.

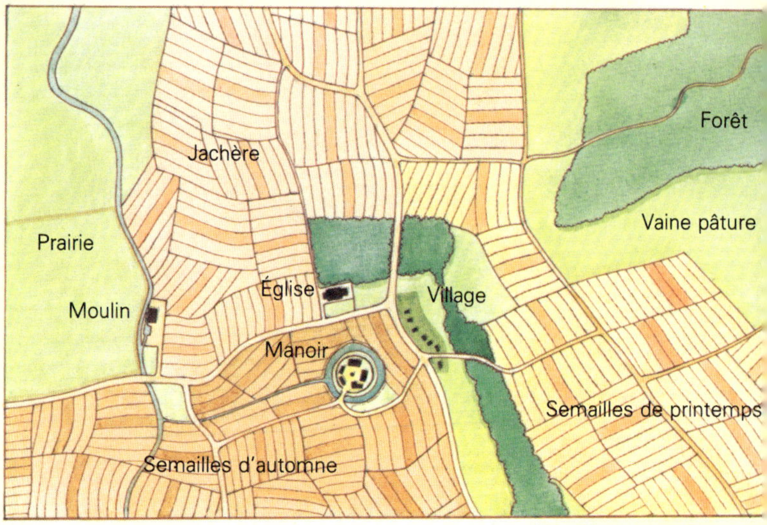


**Plan d'une seigneurie médiévale.** Terres défrichées gagnées sur la forêt, les champs, très morcelés, étaient longs et étroits. Ils s'étendaient le plus souvent perpendiculairement à la route.

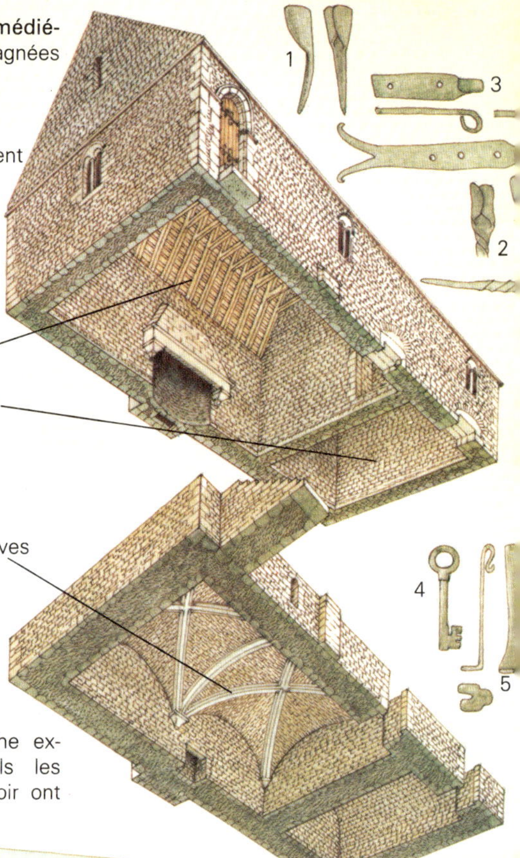


**Éclaté d'un manoir**

Reconstitution d'une riche exploitation agricole. Seuls les murs en pierre du manoir ont survécu.

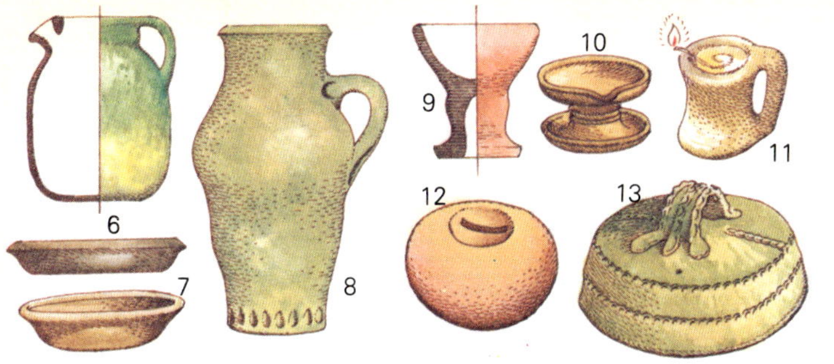


Quelques objets retrouvés sur le site du manoir de Boothby Pagnell (Grande-Bretagne).

1-2 Supports de chandelle en fer.
3 Charnières de porte.
4 Clé de porte.
5 Clé de cadenas vu sous trois angles.

**Quelques objets domestiques**
6 Cruchon en terre cuite.
7 Assiettes en terre cuite.
8 Grande cruche.
9-11 Trois variétés de lampes.
12 Tirelire.
13 Couvre-feu.
14 Crémaillère.
15 Ce bâton armé d'un croc servait à retirer les viandes du chaudron.
16 Couteau en fer.
17 Soigneusement rempli, un chaudron pouvait servir à cuire plusieurs aliments à la fois.
18 Marmite à trépied.
19 Chaudron à ouverture étroite.
20 Cisailles en fer.
21 Dé à coudre en alliage de cuivre.

**A la ferme**
22 Moulin à eau avec une roue à aubes verticales que met en mouvement l'eau de la rivière.
23 Coupe du moulin hydraulique. La roue transmet le mouvement à la meule à grains (A).
24 Meule en pierre. Les grains de blé étaient broyés entre les deux pierres.
25 Nasse à poisson. Le braconnage sur les terres du seigneur était une façon courante de mieux se nourrir !
26 Baratte servant à battre le lait.
27 Traite des vaches.
28 Hotte en osier.
29-30 Boucle (face et profil) d'une bride de cheval.
31 Vêtements de berger.
32 Lit de paysan en paille.
33 Ce paysan coupe les mauvaises herbes à l'aide d'un bâton fourchu et d'une serpe à long manche.
34 Moulin à bras. Le meunier faisait tourner la meule de dessus à l'aide du bâton qui y est assujetti. On recueillait la farine dans le sac situé dessous.

**Les outils de la ferme**
35 Différents types de poignées de bêche. Celles-ci étaient encore largement employées pour les travaux des champs.
36 Faucilles pour les moissons et serpettes.
37 Haches de charpentier.
38 Faux pour la fenaison, râteau, et fourche à foin.
39 Vrille.

**Les labours**
40 Cette charrue perfectionnée permettait de travailler des terres lourdes.
41 Le coutre était un fer tranchant fixé à l'avant du soc de la charrue pour fendre la terre.
42-43 Deux types de charrues médiévales, dotées d'un avant-train à roues.
44 L'araire n'était plus utilisé que sur des sols légers.
45 Araire doté d'un coutre.
46 La charrue lourde était tirée par un attelage de bœufs. Elle permettait de retourner le sol en profondeur, améliorant ainsi les rendements.

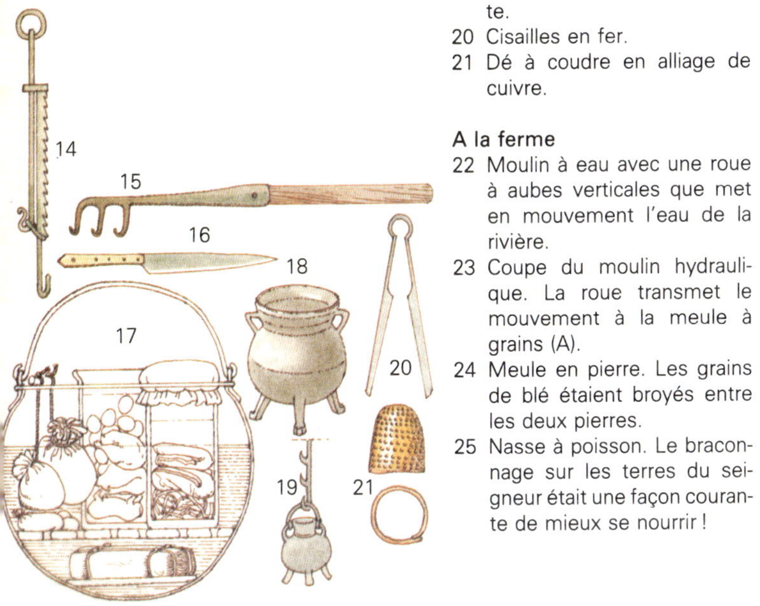

# A l'abri des monastères

Les tout premiers moines vivaient en ermites, à l'écart des lieux habités. Puis, à partir du IV$^{e}$ siècle, ils se regroupèrent dans des monastères qui devinrent de grands foyers culturels et religieux du Moyen Age.

**Un mode de vie strict et ordonné**

L'idée d'une vie religieuse commune fut prônée par Benoît de Nursie (480-547). Celui-ci fonda un monastère au Mont-Cassin (Sud de l'Italie) au VI$^{e}$ siècle. Il rédigea pour ses moines une règle stricte qui sera bientôt appliquée dans la plupart des monastères et abbayes de l'Occident.

Les moines devaient consacrer une partie de leur temps (4 à 6 heures par jour) à la lecture et à l'écriture. Peu à peu, les monastères et les abbayes constituèrent des bibliothèques. Les ouvrages étaient recopiés à la main sur des parchemins. Une salle, le *scriptorium*, était spécialement réservée à cet usage. Grâce à eux, nous sont parvenues les œuvres des grands écrivains grecs et romains.

Les ordres monastiques
1 Cistercien.
2 Franciscain.
3 Chartreux.
4 Dominicain.
5 Les monastères accordaient l'hospitalité aux pèlerins.
6 Lépreux agitant sa crécelle, pour avertir les gens de son arrivée.
7 Croix d'autel en bronze (XIII$^{e}$ siècle).
8 Sacristain de l'ordre de saint Benoît. Il s'occupait des objets du culte.
9 Ciboire en émail en forme de colombe.
10 Chandelier en émail.
11 Châsse.
12 Ostensoir.
13 Calice.
14 Encensoir.
15 Moine vérifiant un astrolabe.
16 Copiste.
17 Enluminure.
18 Pupitre. On le posait sur les genoux pour écrire.
19 Crosse en ivoire.
20 Abbé tonsurant un novice.
21 Plat à tonsure (XIII$^{e}$ siècle).
22 Chauffe-mains au charbon de bois.

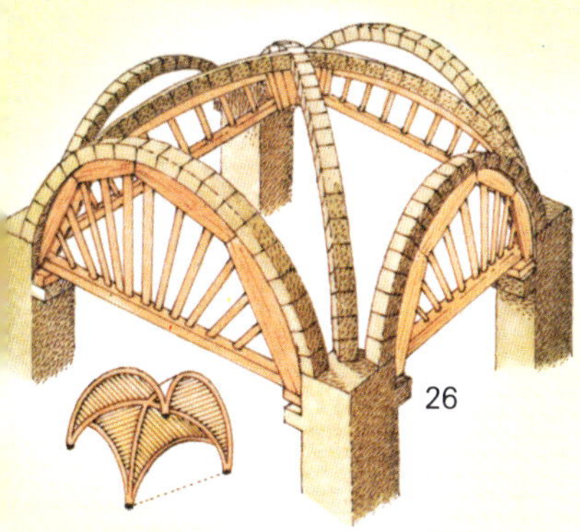

26

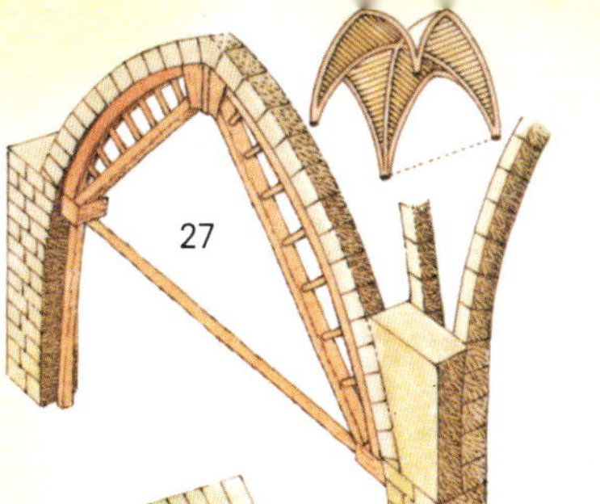

27

28

29

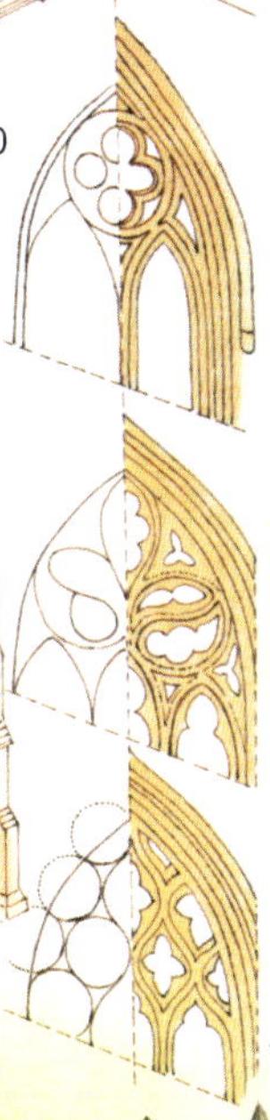

30

**Le progrès des techniques**

23 Balance de voyage servant à peser les pièces d'argent pour vérifier leur teneur en métal. A ouverte. B fermée.

24 Mécanisme d'une horloge de la fin du XIII^e siècle.

25 Les moulins à eau servirent de plus en plus à actionner des « marteaux-pilons » pour le travail des peaux et du fer.
Le mouvement de la roue motrice (A) est transmis par l'arbre à cames (B).

**Une variété dans les techniques de construction**

26 Voûtes romanes en berceau. Un support en bois maintenait l'arc de pierre le temps que le mortier prenne.

27 Voûte gothique ogivale et croisée d'ogives.

28 Coupe d'une église romane et portail.

29 Coupe d'une église gothique.

30 Évolution des baies gothiques anglaises. De fines nervures de pierre sculptées supportent les vitraux.

31 Outils de tailleur de pierres.

32 Tailleur de pierres.

33 Une fois l'ouvrage achevé, l'artisan grave son nom sur la pierre.

La bonne gestion et l'organisation des communautés bénédictines incita les rois francs à favoriser leur développement dans des secteurs aussi variés que l'agriculture, les missions d'évangélisation, l'école, ou la médecine. Leur rôle économique et politique devint tel que les monastères se détournèrent des règles établies par saint Benoît. Les excès entraînèrent une réaction aux XI^e et XII^e siècles et la création de nouveaux ordres monastiques décidés à appliquer les règles strictes de prières et de pauvreté.
Parmi eux, les Cisterciens se retirèrent dans des endroits sauvages.

## Les monastères et l'agriculture

Le travail de la terre devint l'une des préoccupations majeures des moines. Tous les monastères cherchèrent à se suffire à eux-mêmes.
Les abbayes furent bâties dans des régions où les cours d'eau étaient abondants, car les moines utilisaient l'eau à la fois pour irriguer les terres et comme force motrice dans leurs ateliers.
Les Cisterciens mirent la terre en valeur grâce à des fermes modèles, les *granges* cisterciennes. Celles-ci jouèrent un rôle important en Europe dans le défrichement des terres, l'exploitation des forêts,

31

32

33

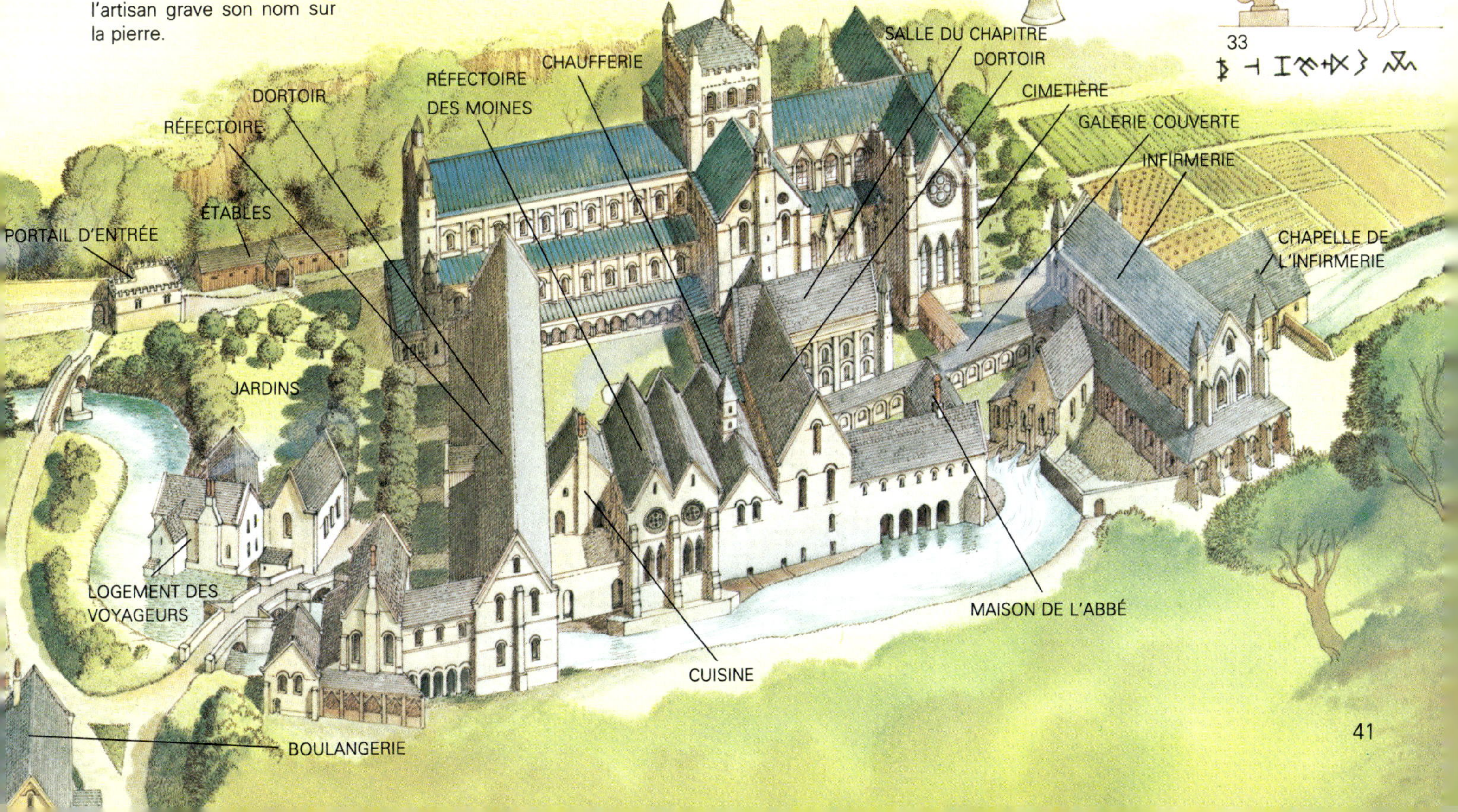

**La vie au monastère**

1 Filage de la laine.
2 Le métier à tisser horizontal apparut en Europe au XIIIe siècle.
3 Femme filant à la quenouille (fin du XIIIe s.).
4 Vêtements d'hiver et d'été. Des fentes pratiquées dans la cape d'hiver permettaient le passage des bras.
5 Broche en or du XIIIe siècle (face et profil).
6 Carreaux de grès assemblés sur le sol par un liant d'argile blanche.
7 Reconstitution d'un four à tuiles d'une grange monastique. Les moules à tuile (A) étaient assemblés dans le four sous forme d'arches. Le four était recouvert de terre et de mottes d'herbes pour filtrer les fumées dégagées par les foyers (B).
8 La brouette apparut en Europe vers 1200, près de 1 000 ans après que les Chinois l'eurent inventée.
9 Jeton de commerce en étain utilisé en guise de monnaie.
10 Forgeron.
11 Templier.
12 Ceinture en cuir et sac à aumône.
13 Chapeau de cheminée en terre cuite. De tels ornements devinrent très courants à la fin du XIIIe siècle.

**Les moulins à vent**

14 Moulin à vent sur pivot. Les premiers moulins à vent apparurent à la fin du XIIe siècle. Le corps du moulin était fixé sur un pivot grâce auquel on pouvait diriger les ailes dans la direction du vent.

◁ **Commanderie des Templiers**
Reconstitution d'une Commanderie de l'ordre des Templiers.

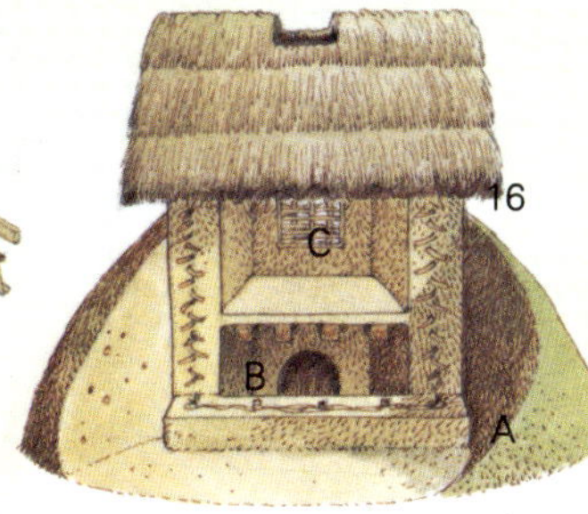

**Fours et cruches**
15 Four à pain.
16 Four à sécher les grains. Les grains, encore verts ou humides à la suite du mauvais temps, devaient être séchés avant d'être moulus ou stockés. Un remblai de terre entourait le four. Un clayonnage couvert de paille bouchait la chambre de séchage. On utilisait des fours semblables pour faire germer l'orge nécessaire à la fabrication de la bière. A : Remblai de terre. B : Conduit de cheminée. C : Chambre de séchage.

17 Différents styles de cruches (France et Espagne).
18-19 Cruches anglaises.

**L'industrie de la laine**
20 Les tissus en laine étaient « tondus » afin de leur donner un beau fini.
21 On tendait le tissu sur un cadre métallique. Puis, on le dépeignait afin de démêler les poils enchevêtrés.
22 Ciseaux de foulon.
23 Forces pour tondre les moutons.
24 Tonte d'un mouton.

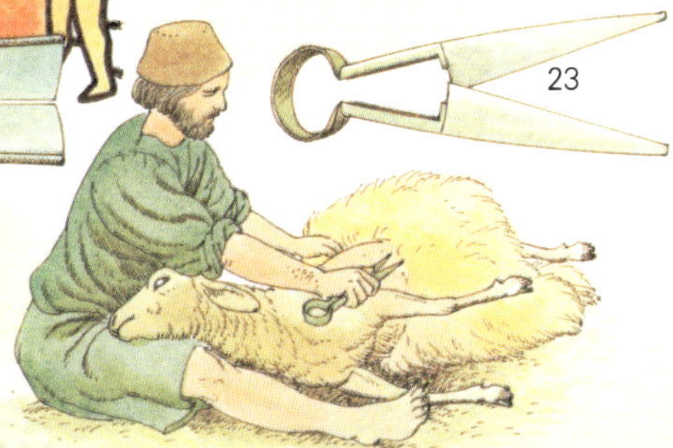

◁ **Une maison de paysans**
La plupart des paysans vivaient dans ces maisons construites en bois et en torchis. Il n'y avait qu'une seule pièce pour toute la famille.

l'assèchement des marais et l'irrigation des landes incultes. Les Cisterciens défrichèrent ainsi les plaines autour de Paris et créèrent des canaux de drainage en Flandre. Grâce à eux, la mer recula de 80 kilomètres dans le marais poitevin ; des îles furent rattachées au continent !

C'est dans l'architecture que se marque également l'œuvre technique des Cisterciens. Les abbayes, comme celle de Fountains en Grande-Bretagne (v. page 41), qu'ils érigèrent un peu partout en Europe, en sont les témoins. Pour les construire, ils adoptèrent la voûte d'ogive.

Au total, les Cisterciens réussirent si bien dans leurs domaines, que l'esprit de pauvreté en souffrit quelque peu : au XIII$^{e}$ siècle, ils possédaient des milliers d'hectares de terre !

## Les Templiers : des moines-soldats

Parmi les nombreux ordres religieux qui apparurent en Europe au Moyen Age, les Templiers étaient un ordre de chevaliers fondé par des Francs. Il fut fondé en 1119 au lendemain de la première croisade pour protéger les Lieux saints et les pèlerins de Palestine. Ses commanderies — les abbayes de ces moines-soldats — (parfois fortifiées) jalonnaient la route de la Terre sainte. Jusqu'à la dissolution de l'ordre en 1312, ils acquirent de vastes domaines, comparables à ceux des Cisterciens. Les commanderies (v. page ci-contre) étaient plus simples et leurs bâtiments moins imposants que les granges cisterciennes. Dans la commanderie, les Templiers vivaient selon des règles strictes. Les chevaliers dormaient en cellules donnant sur un même couloir et les « frères-sergents » en dortoir. Les appartements du chef de la commanderie se trouvaient à l'extrémité ouest du bâtiment. La chapelle se dressait dans une cour intérieure. Elle était divisée en deux parties par un mur. La partie est était réservée aux Templiers, celle de l'ouest aux laïcs et aux ouvriers agricoles. Des fouilles réalisées dans l'enceinte des cuisines ont montré l'existence de fourneaux pour la fonte du plomb et du fer, un four à tuiles et un four à sécher les grains de blé. Toutes ces activités devaient requérir un personnel important. Une grange cistercienne de même taille employait jusqu'à vingt domestiques, sans compter les frères résidents chargés de les diriger.

# La cité médiévale

De nombreuses villes s'agrandirent et s'embellirent à partir du XIe siècle grâce au progrès des techniques agricoles, de l'artisanat et du commerce. La cité médiévale, née le plus souvent à l'abri d'un château fort ou d'un monastère, devint vite le véritable centre économique de la société, et son marché le centre de la vie urbaine. Les paysans venaient y vendre leurs produits. Ils choisissaient la ville la plus proche de leur ferme, pour faire l'aller et retour et régler leurs affaires dans la journée.

Les villes anciennes étaient parcourues de rues étroites, sombres et sinueuses ; leurs maisons à étages étaient entassées, en surplomb. Les villes neuves furent bâties selon des règles plus strictes, avec un plan en damier. Les plus riches se munirent d'enceintes fortifiées.

**Une maison en ville au Moyen Age**

La maison représentée ci-contre appartenait probablement à une famille aisée. Construite en Angleterre, à Canterbury à la fin du XIVe siècle, elle est typique de cette époque.

Les murs de torchis reposaient sur des soubassements en pierre. C'est une des raisons pour lesquelles la maison est demeurée intacte. Cette nouvelle technique apparut au XIe siècle. Auparavant, les montants en bois étaient fichés directement dans le sol. Et pourrissaient assez vite ! Ce nouveau système, qui renforçait les structures de la maison, permit la construction de charpentes et l'élaboration de décorations plus subtiles.

Ce type d'habitation, où une grande salle commune occupe tout le centre, est d'origine saxonne. Il subit très peu de modifications du XIIIe au XVe siècle. La présence du foyer au centre de la salle commune et l'absence de cheminées en pierre empêchaient la construction d'étages complets. Cependant, de part et d'autre de cette grande pièce qui faisait toute la hauteur de la maison, un demi-étage était aménagé, où se trouvaient la chambre des maîtres à un bout, et celle des domestiques à l'autre.

**Des objets domestiques**
1 Chandelier en cuivre.
2 Montants de lit métalliques.
3 Clé en métal.
4 Lanterne en alliage de cuivre. La vitre était en verre ou en corne.
5 Candélabre en bronze doté de pieds adaptables. Il pouvait recevoir des chandelles à mèche de jonc.
6 Cruches vernissées.
7 Cruche ornée d'une tête de bélier.
8 Cruche à trépied.
9 Poêlon en bronze.
10 Aiguière à trépied en bronze.

▷ **Dans la cuisine**
En raison des risques d'incendies dans les habitations en bois, la cuisine se situait souvent à l'extérieur, dans un bâtiment séparé, derrière la maison. De même pour le four à pain, qui pouvait être adossé à la maison.

▽ Façade de la maison représentée page ci-contre. Le comptoir de l'échoppe était rabattable.

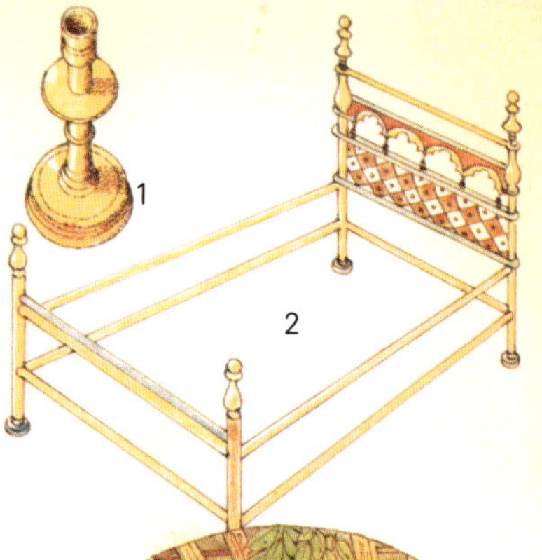

**La charpente**

11 Sciage des planches avec une scie à lame centrale. Ce modèle remplaça les premières scies à débiter, moins résistantes (à gauche).

12 Technique de débitage d'un tronc d'arbre afin d'obtenir le maximum de planches.

13 Outils de charpentiers. A Vilebrequin ; B Maillet ; C Ciseau à bois ; D Scie ; E Haches à ébarber ; F Vrille.

14 Scie longue pour couper les poutres.

15 Le rabot était connu depuis l'Antiquité.

**Quelques techniques de construction**

16 Support de toit. A entrait ; B poinçon. Le toit de la maison ci-dessous reposait sur trois supports semblables.

17 Queue-d'aronde.

18 à 23 Différents modèles de structures de charpentes.

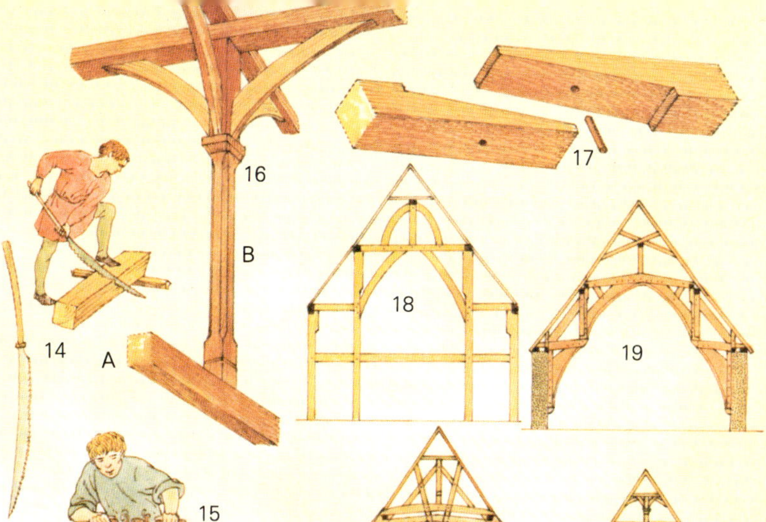

**△ Le Ivy Lane Hall de Canterbury**

La pièce centrale, située au rez-de-chaussée, faisait toute la hauteur de la maison jusqu'au toit. Les chambres, situées au premier étage aux deux extrémités de la maison, donnaient sur la rue.

Des fûts de bière et de vin étaient rangés dans l'office à gauche. Au fond, un coffre à grains ou à farine. Au-dessus, la chambre du propriétaire et de sa femme.

Les sols en terre battue étaient balayés et couverts de paille fraîche. Un échiquier est accroché au mur du fond. A côté du rouet, un dévidoir. L'échoppe, à droite, offrait aux clients de la rue des sacs, des ceintures et des ustensiles de cuisine.

## Des activités surveillées

Aucune cité ne pouvait tenir un marché sans autorisation royale. Parfois, les seigneurs achetaient au roi ce privilège.

Chaque article, ou denrée, avait son marché, ou son lieu de vente, réservé. La qualité des produits pouvait ainsi être contrôlée facilement par les seigneurs. Les boulangers étaient souvent traduits en justice pour la vente de pains de mauvaise qualité. Celui qui proposait des vins médiocres devait alors le boire lui-même, en public !

Une association de marchands, ou *guilde,* constituée des commerçants de la cité qui avaient payé un droit d'entrée et prêté serment de loyauté, dirigeait le marché. Ils élisaient des *officiers,* commandés par un *échevin*. Officiers de la guilde et membres du conseil municipal ne faisaient souvent qu'un ou étaient membres d'une même famille.

## Les rues des artisans

Les activités commerciales attiraient les artisans. Foulons, teinturiers, tanneurs, cordonniers, tailleurs, gantiers, charpentiers, tuiliers, tonneliers, serruriers, huiliers, cordiers, charrons, etc., tels étaient les corps de métiers que l'on rencontrait dans une cité du XIII$^{e}$ siècle. Les artisans vivaient avec leur famille et quelques ouvriers et apprentis. Ils vendaient leurs produits directement, par les larges ouvertures de leurs échoppes donnant sur la rue, au rez-de-chaussée.

Les artisans d'une même corporation se regroupaient souvent dans un même lieu, formant une communauté. Ils ont ainsi donné leur nom à une rue (rue des Orfèvres, rue de la Ferronnerie...).

## Les associations

De ces communautés naquirent les associations d'artisans. A l'origine, groupes d'entraide et de charité à caractère religieux, ils fixèrent par la suite des normes de fabrication des produits, les conditions d'apprentissage et d'admission des maîtres artisans. Pour exercer un métier d'artisan, il fallait être membre de l'association de sa corporation. Tout membre qui enfreignait les règlements pouvait être sévèrement puni.

**En ville**

1 Marchand (vers 1350).
2 Robe de femme à longues manches.
3 Jeune fille portant une cotte-hardie.
4 Broche en argent.
5 Boucles de ceinture en alliage de cuivre.
6 Chaussure en cuir.
7 Ardillon de ceinture.
8 Boîtier de miroir en ivoire. Le miroir était en métal poli.
9 Peigne en os.
10 Lunettes pliantes. Elles furent inventées en Italie à la fin du XIII$^{e}$ siècle. Les lentilles simples étaient déjà connues depuis plusieurs siècles.
11 Boutons (XIV$^{e}$ s.). Ils remplacèrent progressivement les broches antiques pour agrafer les vêtements.
12 Ciseaux (XIV$^{e}$ s.).
13 Lames de ciseaux gravées.

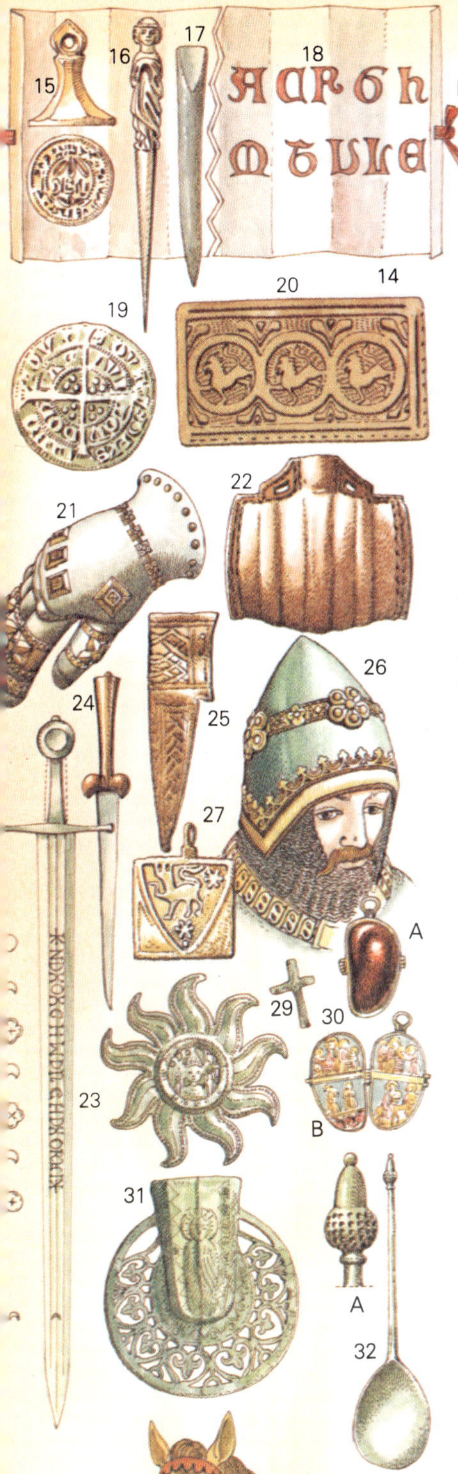


## La vie dans la cité

14 Un contrat d'apprentissage. Un accord entre deux personnes était écrit deux fois sur un morceau de parchemin ou de papier, que l'on déchirait ensuite en deux. Chacun en gardait une moitié. En cas de litige, les deux pièces pouvaient être réunies.
15 Sceau et son empreinte.
16 Pointe en os pour écrire sur une tablette de cire.
17 Pointe de lecture en plomb.
18 Lettres de l'alphabet lombard utilisé au XIVe siècle : A.L.F.H.M.T.U.L.E.
19 Pièce de quatre pence, ou *groat* (1351).
20 Couverture de livre en cuir repoussé.
21 Gantelet d'armure.
22 Gourde à eau en cuir.
23 Épée à lame gravée.
24 Dague.
25 Gaine de couteau en cuir.
26 Casque et cotte de mailles à capuche protégeant la tête et la gorge (XIVe s.).
27 Pendentif de cheval.
28 Insigne des pèlerins de Canterbury.
29 Crucifix en plomb.
30 Reliquaire : A fermé ; B ouvert.
31 Souvenir de pèlerinage.
32 Cuiller en argent : A détail du manche.
33 Rouet. La broche à ailettes portant le fil pouvait tourner (A et B) dans les deux sens. (C) Cet instrument à carder préparait les fibres avant le filage.
34 Marchand d'eau.
35 Seau de puits.
36 Messager d'un homme riche dont les armes figurent sur la missive.
37 A Coupe longitudinale d'une auberge. Le plan au sol (B) montre le grand nombre de boutiques.

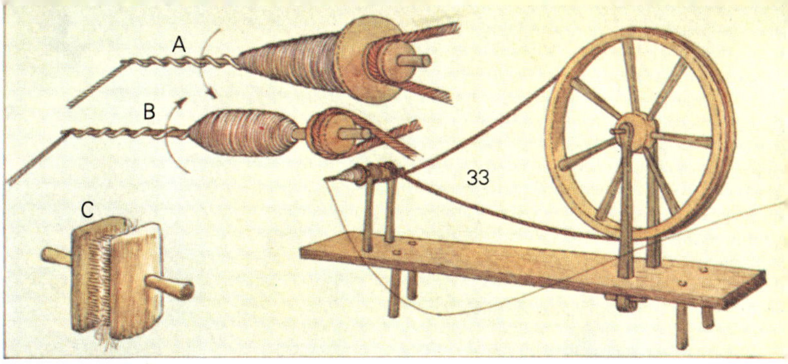

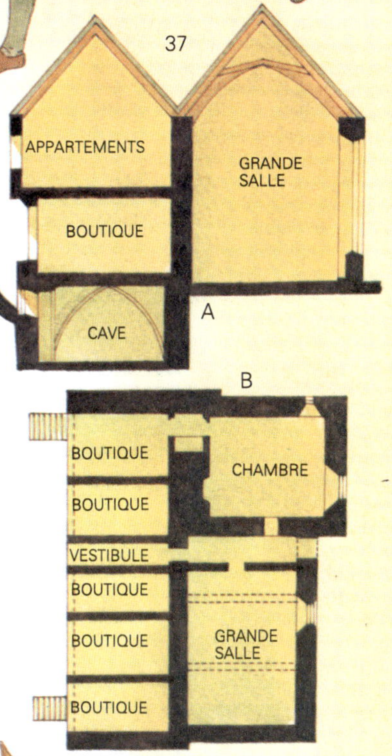


▽ **Dans les rues d'une ville (vers 1350).**
A Chevalier et son écuyer.
B Veuve portant le voile de deuil.
C Franciscain.
D Femme portant un surcot. Une fente pratiquée dans le tissu permettait à la main d'atteindre la bourse accrochée à sa ceinture.
E Deux marchands italiens.
F Rétameur avec sa boîte à outils portée sur le dos.
G Un régisseur venu en ville pour le compte de son seigneur.
H Paysanne et son enfant.

# La Vie privée des Hommes

PRINTED IN BELGIUM BY proost INTERNATIONAL BOOK PRODUCTION

Imprimé en Belgique par Henri Proost, Turnhout
Dépôt légal n° 4397-3-1982 - Edition n° 01
I.S.B.N. 2.01.008033.5

Loi n° 49-956 du 16 juillet 1949 sur les publications destinées à la Jeunesse. Dépôt 3-82

29/0276/5
82-3